投资的
四个重要公式
的
公式

张　澄著

清华大学出版社
北　京

内 容 简 介

本书是市面上少有的讲投资公式的书籍,直接提供投资的实用方法,助力投资者成功投资。

本书主要介绍了四个重要的投资公式,并用它们组成了一个完整的投资体系。首先,本书用 LPPL 公式分析市场上的热点板块,确定"泡沫"的拐点;其次,利用"护城河"的 BA 公式来确定行业中的公司的竞争壁垒和格局,同时通过 Bass 公式来判断行业的未来空间,重点分析了两个最有"护城河"的行业:互联网和品牌消费品;最后,利用前面三个公式得到收益率状况,利用 Kelly 公式确定最后的投资的仓位。

本书同时适用于普通和专业投资者,是他们学习投资公式的实用手册。

图书在版编目(CIP)数据

投资的四个重要公式 / 张澄著 . —北京:清华大学出版社,2022.10
ISBN 978-7-302-62008-2

Ⅰ.①投… Ⅱ.①张… Ⅲ.①股票投资－基本知识 Ⅳ.① F830.91

中国版本图书馆 CIP 数据核字 (2022) 第 185734 号

责任编辑: 施 猛
封面设计: 常雪影
版式设计: 方加青
责任校对: 马遥遥
责任印制: 宋 林

出版发行: 清华大学出版社
      网 址: http://www.tup.com.cn,http://www.wqbook.com
      地 址: 北京清华大学学研大厦 A 座   **邮 编:** 100084
      社 总 机: 010-83470000   **邮 购:** 010-62786544
      投稿与读者服务: 010-62776969,c-service@tup.tsinghua.edu.cn
      质 量 反 馈: 010-62772015,zhiliang@tup.tsinghua.edu.cn
印 装 者: 三河市天利华印刷装订有限公司
经 销: 全国新华书店
开 本: 170mm×240mm   **印 张:** 9.75   **字 数:** 145 千字
版 次: 2022 年 12 月第 1 版   **印 次:** 2022 年 12 月第 1 次印刷
定 价: 58.00 元

产品编号:083774-01

前　言

一、投资的重要性

《孙子兵法》云："兵者，国之大事，死生之地，存亡之道，不可不察也。"意思是，军事是关系到国家生死存亡的大事，不能不重视。在如今的和平年代，对于大多数人来说，**投资就和战争时代的军事一样，是一件"不可不察"的大事**。一个富人，只要投资上不出错，就会一直富裕；一个穷人，想要发财致富，最有效的方法也是通过投资赚钱。投资对个人财富乃至整个人生都影响巨大。

二、本书的价值

成功的投资必然遵循内在的投资公式，那么投资中到底有哪些公式值得学习呢？本书想给大家介绍一个实用的投资框架，主要包括投资中起到基础作用的若干公式。基础公式是我们投资的"军火库"，有了这些公式，我们就可以直接加以套用，进而成功投资。

学习本书之后，读者就可以运用这些公式进行投资，或者选择合适的投资产品。即便您此前对投资一无所知，学完本书后，您的水平也会超过大部分投资者。

当然，本书仅仅是一家之言。除了将投资的知识传递给各位读者，也期

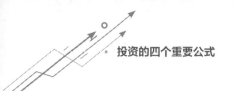

待各位读者能够发现和指出书中的错误或者不足之处，这对本书投资框架的完善大有裨益。

三、怎样学习本书才高效？

在本书的开头，笔者想先提及学习的方法。本书有**深读**和**浅读**两种阅读方法，希望通过不同的阅读方法，对各个水平、各种需求的投资者都有所裨益。入门级的投资者可以只**重点看书中加粗的总结性文字**；专业投资者可以**重点阅读其中的公式和投资案例**，深读和浅读都能对您有所帮助。

如果您需要深读本书，可以采用如下两个学习技巧——学以致用和寓学于教。学以致用，即能够将学会的公式和现实中的事件结合起来，对每次预判进行验证；寓学于教，即能够教会别人。

1. 学以致用

如果暂时理解不了一些艰深的内容，不妨把它放在现实中理解，这便是学以致用的一种形式。对于复杂的知识，首先应该大而化之，将其分成小知识模块，再逐个和现实对应，最终消化所有不懂的地方。理解之后，再使用这些公式去做投资，不断反省，不断验证，最终形成自己的观念。

在讲解案例时，本书尽量采用原始材料，因为原始材料有利于进行情境带入。大家在学习这些原始资料的过程中，可以设想自己在当时如何分析资料中的案例、如何解决案例中的问题，然后和现实中的结果对照，吸取经验教训。长期这么做能显著提高我们学以致用的能力。投资家巴菲特热爱翻读旧报纸，在读旧报纸的过程中，巴菲特尽量还原当时的情境。想必这种方法对锻炼投资中的思考能力也是有裨益的。

2. 寓学于教

在学习的过程，您可以把自己当作一个教别人投资知识的老师，即对知识点条分缕析，向别人解释一些自己已经弄懂的投资知识。在这个过程中，可能您会发现一些无法解释清楚的知识点。为了弄懂这些知识，您可以查投资教科书，也可以咨询笔者。笔者在雪球网专栏和微信公众号的名称均为"量化招财猫"，欢迎读者关注并发私信。通常来说，一旦您精准地确定了您不理解的知识点，找到答案会是一件非常轻松的事儿。只要您理解了知识点，就能够用自己的话教给别人。

笔者在投资实践中经常使用学以致用和寓学于教这两个学习技巧，确信这两种方法是有效的。所以当您阅读这本书后，如果感觉其中的公式让您有所收获，**不妨学以致用，开始您的投资，也不妨将您所学到的投资和修行知识教给您的家人或者朋友。请相信，通过学习本书，您的收获将比别人更多。**

作者

2022 年 7 月

目 录

———————————— 第 1 章

投资中最重要的四个公式概述

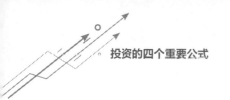
本章是本书中最重要的一章。本章首先介绍了哪里能够赚到钱，由此引出投资中重要的四个公式，分别是利用"泡沫"赚大钱：LPPL公式；成长空间怎么估：Bass公式；行业格局的演化："护城河"的BA公式；投资仓位怎么定：Kelly公式，并且给出应用公式的具体方法，四个公式能够形成一个完整的投资体系。本章目标是使读者能够学习应用投资的重要公式，为最终形成自己的投资体系打下基础。

1.1 从哪里能够赚到钱

投资的第一问题是："我们能从哪里赚到钱？"在市场里，按照赚钱的方式，能赚的钱分为两种：第一种是**别人的钱**，也就是从交易的对手那里赚钱；第二种是**公司的钱**，也就是从公司赚钱，我们作为股东收获红利。除此之外，没有第三种方法。所以，我们想要投资赚钱，先要思考怎样才能从别人和公司那里赚到钱。

1.1.1 赚别人的钱

赚别人的钱，非常好理解。我们以较低的价格从别人那里买入某个标的，然后以较高的价格卖给别人，就能够赚到钱，也就是通常所说的赚差价。那么，我们想要在交易中赚钱，首先要看自己的交易对手是谁？

首先，假设我们的交易对手是个体，那么只有当这个特别的个体有足够的资金长时间地进行交易，我们才有可能发现规律，从中获利。否则，交易时间短暂，我们根本不可能利用这样的机会。在股市中，这样有足够资金的个体就是俗称的"庄家"。市面上有大量"投资书籍"介绍跟随庄家的方法。但是，庄家最终能否赚钱，主要靠能否引起群体的跟随来决定，因为庄家要将手中的股票卖给跟进的群体。如果庄家发现自己的行动不能够引起群体的跟随，那么他最终赚不到钱，他的最佳决策就是立刻卖出股票。我们先假设庄家有足够的理性，那么等群体跟随的行为发生之后，我们再买入总是没错的。此时，我们的交易对手再次变成了群体。

其次，如果我们的交易对手是群体，那么显然我们要做的分析工作还是一样的，就是识别什么时候群体的趋同运动已经开始，群体究竟会怎样运动。

总而言之，**要想赚差价，关键是理解群体效应**。事实上，投资者群体由于相互模仿，可能形成类似羊群移动一样的群体效应，我们通常将这种群体效应叫做"羊群效应"。这是索罗斯、利弗莫尔等投资家投资方法的基础。在市场中，什么样的信息会引发"羊群效应"？"羊群效应"是否能够通过公式来刻画和识别？答案是肯定的，本章第2节中将对此进行详细的讲解。

1.1.2　赚公司的钱

这是大家所说的真正的价值投资，我们所赚到的钱来自公司赚到的钱。曾经，网上有一篇热门投资文章指出，价值投资的第一定律是公司股价会回归公司的基本价值。其实这并不完全准确。价值投资的本来意义是：即便不看股价的波动，也能够从公司赚到的钱中获得令人满意的回报。股价波动带来的机会，当然有可能令我们更加满意。在这种情况下，**市场价格的唯一意义就是衡量股票的买入成本**。

下列两种情况可以"赚公司的钱"。

第一种情况是我们卖掉这家公司的资产并还上负债后获得收益。公司的各项资产通常包括价值不菲的土地、房产和公司持有的股票，最终只要卖出的价格大于买价，就可以获得回报。这是巴菲特、施洛斯等投资大家的早期投资方法。此方法是所有投资方法里最简单的一种，仅仅需要计算各项资产的价格即可完成。但是，对于普通投资者来说，因为很难取得公司的控制

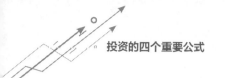

权，要想清算公司的各项资产不是一件容易的事情。

第二种情况是关注公司的长期竞争优势，一个公司只有拥有长期的竞争优势，我们才能确定该公司未来能够击败对手，才能在激烈的市场竞争中赚到钱。我们通常把公司的长期竞争优势叫做"护城河"，因为这种长期竞争优势像护城河一样，围绕在公司周围，保护公司的获利能力。也就是说，**只有当一个公司有"护城河"，我们才能预知未来公司能够赚到的钱**，从而计算自己的回报，做出合理的投资决策。这是巴菲特、芒格等投资大家的晚期投资方法。运用这种投资方法时，我们需要对行业和公司有着非常深刻的理解。这里需要明确两个问题：第一，这家公司到底能够发展到多大的规模？这与行业的规模有很大关系。第二，公司是否拥有"护城河"？对于这两个重要问题，可通过一些通用的公式来阐释，本章第3节和第4节将为您做出详尽解答。

如果您想投资赚钱，就需要在赚别人的钱和赚公司的钱这两个方面上做努力。或者更为容易的方法是，把钱交给在这两方面有优势的基金经理做投资，从而坐享丰厚的回报。

1.2　利用"泡沫"赚大钱：LPPL公式

本节的结论是：**LPPL[①]公式可以刻画"泡沫"，因此可以通过公式化的方法在市场中赚差价**。对公式的推导不感兴趣的读者，可以直接阅读后面对公式的理解、公式的使用方法以及实证研究。

上一节中提到，赚差价的方法来自"羊群效应"。市场中的"羊群效应"也就是我们平时所说的"泡沫"现象。本节使用金融学界的权威辞典《新帕尔格雷夫货币金融大辞典》给出的定义："泡沫"就是指资产在一段时间内连续地大幅度上涨，而起初的价格上涨又使投资者预期资产价格在未来将继续上涨，从而吸引到许多原本不相关的投资者买入，继续导致资产价

---

① LPPL，log-periodic power law，对数周期幂率模型。

格的飙升。这个定义说明，正是投资者相互模仿的群体行为造成了"泡沫"现象，关于这一点会在之后的公式推导和分析中有所体现。

LPPL公式将市场崩溃的临界点和自然界临界点相类比，我们可以像研究自然科学中的复杂体系一样，给出一个市场中资产价格的数学模型。本节内容应用数学推理较多，不喜欢数学的读者可以直接阅读本节中加粗的总结性文字。

1.2.1　LPPL公式的宏观机制

Johansen(2000)假设在一个没有红利、完全流动并且风险中性(投资决策时只考虑回报的平均值，不考虑回报的分布)的市场中存在着某种资产。显然，因为没有红利，这个市场中的资产的价值为0，所以任何正数的资产价格都可以被视为一种"泡沫"，价格的高低可以被视为"泡沫"程度的大小。

进一步地，模型里假设存在两种类型的投资者。第一类是理性的投资者，他们代表典型的投资者。第二类是非理性的投资者，他们引发了"泡沫"。在未来的某个时间，资产价格的"泡沫"到达一个临界点，很多投资者一起抛售资产，最终造成了崩溃。"泡沫"的崩溃在这一模型里不是确定性事件，而是一个概率分布。在"泡沫"崩溃没有发生时，投资者们会继续买入，因为"泡沫"崩溃的风险可以被资产价格的上涨带来的收益所补偿。

从上面的分析中，我们可以知道这个模型里的关键变量是"泡沫"的崩溃风险 $h(t)$，$h(t)$ 是指单位时间内，"泡沫"崩溃发生的概率称为风险比率。风险比率 $h(t)$ 衡量了多少投资者一起抛售资产。通过对市场的宏观机制和微观结构的研究，我们可以得到投资者之间相互模仿行为的数学公式。

宏观层面上，Johansen类比平均场理论，给出一种简单地描绘投资者相互模仿行为的公式

$$dh = Ch^\delta dt$$

其中，C 是一个正的常数，δ 表示每个投资者身边的能够相互影响的投资者的数量，$\delta > 1$。这种相互模仿行为在起初的价格上涨后，使周围的投资者

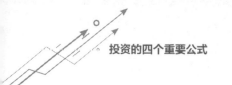

预期资产价格在未来将继续上涨，从而吸引周围的投资者跟进买入。

对上面的公式积分，得到

$$h(t) = (\frac{h_0}{t_c - t})^\alpha, \alpha = \frac{1}{\delta - 1}$$

其中，t_c为临界点时间。可以看到，当$\alpha < 1$，即$\delta > 2$时，t趋近t_c时，才不会发散。

同样，价格p的变动也应符合这样的模式

$$dh = Dp^\delta dt$$

其中，D是一个正的常数。

这样，我们就能从宏观角度得到一个对风险比率的粗略理解，更精致的模型有待我们对群体的微观机制进行研究。

1.2.2　LPPL公式的微观机制

熟悉复杂系统物理学的读者可能已经察觉到，市场中的"泡沫"崩溃的临界点与物理学中伊辛模型中临界点温度极为相似，启发我们使用相同的数学模型去研究"泡沫"现象。由于市场上投资者之间的相互模仿，并通过正反馈形成"羊群效应"。"羊群效应"在市场中造成了价格并非随机地游走。这种价格行为符合一定的规律，可以用数学公式刻画。一般而言，资产价格变化的基本形式为

$$\frac{dp}{p} = \mu(t)dt + \sigma(t)dW + kdj \tag{1-1}$$

其中，$\mu(t)dt$描绘了股价基本的增长(或下跌)，$\sigma(t)dW$描绘了一个扩散过程。kdj描绘了一个跃迁(不连续变化)过程。在此模型中，当"泡沫"崩盘发生时，$dj=1$；当"泡沫"崩盘没有发生时，$dj=0$。

同时，根据定义，我们可以得到：$E(dj) = h(t)dt$。其中，$E(dj)$表示dj的数学期望值。

为确定风险比率$h(t)$，我们对投资者的投资决策行为进行研究。一个投

资者现在所做的投资决策可能有两种：看好的投资者买进资产(我们将之记为+1)，不看好的投资者卖出资产(记为-1)。每个投资者在下个时间i的状态为

$$s_i = sign(K \sum_{j \in N(i)} s_j + \sigma)$$

其中，K 是投资者的模仿系数；σ衡量投资者群体的投资行为趋向无序的平均水平；$\sum_{j \in N(i)} s_j$ 是指可以对投资者行为产生影响的投资者群体。在我们的模型中，当K起关键作用时，资产的价格运动是有序的；当σ起关键作用时，资产的价格运动是无序的。一般而言，存在一个关键的模仿系数，当 $K > K_c$，K起关键作用时，资产的价格运动是有序的；当 $K < K_c$，σ起关键作用时，资产的价格运动是无序的。

当外部力量G对交易过程产生影响时，我们得到

$$s_i = sign(K \sum_{j \in N(i)} s_j + \sigma + G) \tag{1-2}$$

如果我们定义市场的平均状态为$M = (1/I) \sum_{i=1 \sim I} s_i$，我们可以得到体系的敏感性(衡量外部因素对体系的影响能力，或者更形象地说，衡量体系的脆弱程度)，即

$$\chi = \frac{dE(M)}{dG}\bigg|_{G=0}$$

其中，$E(M)$ 为$M = (1/I) \sum_{i=1 \sim I} s_i$ 的期望(预测的平均值)。

如果假设投资者之间相互模仿的方式是"钻石等级网络"(见图1-1)。"钻石等级网络"是指这样的网络：首先，有2个投资者影响彼此，用网络里2个点和1条线来表达。其次，另外2个与原先投资者有联系的投资者加入，用4个点、4条线取代原有的2个点、1条线，组成1个钻石的形状。这样迭代n次之后，网络里有 $N = (2/3)(2 + 4^n)$ 个点和 $L = 4^n$ 条线。"钻石等级网络"刻画了一个一般的投资者之间的相互模仿的方式。

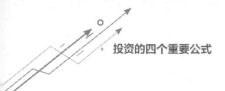

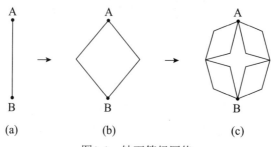

图1-1　钻石等级网络

根据数学家Derrida的研究结果，这样的系统的敏感性为

$$\chi = B'(K_c - K)^m + C'(K_c - K)^m \cos[\varpi \ln(K_c - K) + \varphi]$$

当价格处于"泡沫"之中，尤其是接近"泡沫"崩溃的时间点时，我们由类比得到风险比率的公式

$$h(t) = B'(t_c - t)^m + C'(t_c - t)^m \cos[\varpi \ln(t_c - t) + \varphi] \tag{1-3}$$

为得到理性预期的价格，在没有崩盘的情况下，也就是当dj=0时，可得预期价格为

$$E[p(t)] = p(t) \exp\left\{\int_t^{t_c} [\mu(\tau) + \sigma(\tau)\omega'(\tau)] d\tau\right\} \exp\left[k \int_t^{t_c} h(\tau) d\tau\right]$$

最终，我们得到"羊群效应"下资产价格的最终公式，也就是LPPL公式

$$\ln[p(t)] = A + B(t_c - t)^m + C(t_c - t)^m \cos[\varpi \ln(t_c - t) + \varphi] \tag{1-4}$$

其中，t_c(临界点时间)、m、ϖ、φ、A、B、C 均为待定参数。价格公式中的 $B(t_c - t)^m + C(t_c - t)^m \cos[\varpi \ln(t_c - t) + \varphi]$ 是"泡沫"期间的"羊群效应"所产生的周期性正反馈。A是指在临界点时间的价格的对数。B是指当C为零时，也就是不计周期性震荡时，价格上涨的强度，B是一个正数。C是指周期震荡的振幅。事实上，C越大，价格在短期的波动性就越大。m为幂数，其经验数值范围为0~1。ω是指周期震荡的角频率，ω越大，周期震荡的周期就越短，在图形上表现为波动越频繁。

根据LPPL公式画图，得到"泡沫"的典型图形如图1-2所示。熟悉技术分析(通过量价图表分析价格走势)的读者看到图就立刻明白了，**LPPL公式画出的图形就是所谓的"趋势"**。我们知道，"趋势"通常就是图形上"一峰高过一峰，一谷高过一谷"。而利用LPPL公式画的图形一定是"一峰高过一峰，一谷高过一谷"的。这在数学上可以严格地证明，对严格推理感兴趣的读者，给您留一道有趣的习题，希望您能独立动手，自己证明这个发现。

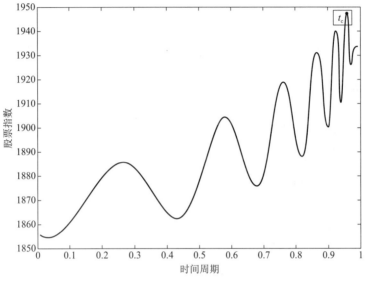

图1-2　LPPL公式的典型图形

同时，我们还发现，图形向上的斜率是越来越大的。也就是说，资产价格的上涨出现了加速现象，加速越厉害，价格离下跌的拐点也就越近。

如果 $t_c < t$ ，画出来图形会略有不同，虽然价格也是趋势向上的，但是走势会趋缓。我们将这种走势称为"反转反泡沫"。

1.2.3　从LPPL公式看技术分析

我们可以把LPPL公式应用在各类资产市场，尤其是股票市场中。该公式可以用来理解市场中广泛流传和使用的原始技术分析方法。技术分析源远流长，美国的索罗斯、科恩等人均在10年以上的时间跨度的股票上获得了明显的超额收益。一些已经被市场验证的技术分析高手分享过一些做差价的一般方法，我们以此为例，来检验LPPL公式是否能够推导出常见的技术分析方法。

在上面的推导中，我们了解到：利用LPPL公式画的图形就是一种"趋势"，价格的走势"一峰高过一峰，一谷高过一谷"。当价格上涨出现了加

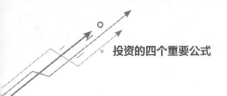

速时，加速越厉害，离下跌的拐点也就越近。

通过对市场原始资料的研究和对专业人士的访谈，我们总结出技术分析的一般方法有两种：①买入股价突破前期高点的热门股，也就是突破法。②卖出加速上涨的股票，也就是加速法。这两种方法在短期内大概率能够赚到钱，下面依次对这两种方法做出分析。

1. 突破法

对于热门股，这只股票上的投资者的"羊群效应"更为明显。股价突破，说明股价运动符合LPPL公式"一峰高过一峰，一谷高过一谷"的图形。股价的向上趋势没有被打破，股价突破时跟进，这种行为是安全且能够盈利的。图1-3中画圈的位置就是典型的突破形态。这种"热门股突破跟进"的方法最早由美国利弗莫尔实践。在这个意义上，利弗莫尔不愧为技术分析的祖师。虽然这种规律会因为参与突破买入的人越来越多而削弱，其确定性已经不如从前，但是通过这种规律选择股票，仍能贡献超额收益。与此相对应的是，卖出已经破位下跌(跌破近期最低价)的股票也会大概率赚钱。

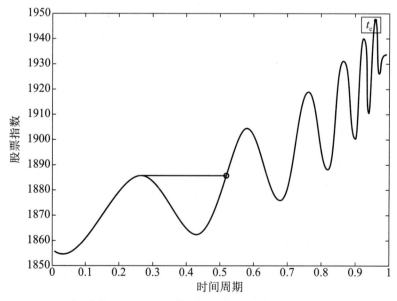

图1-3　典型的突破形态(图中画圈位置)

2. 加速法

LPPL公式的典型图形的向上的斜率是越来越大的，表现出股价上涨出现了加速。加速越厉害，股价离下跌的拐点也就越近。因此，卖出激烈加速上涨的股票也有较大概率赚钱。与此相对应的是，买入已经激烈加速下跌的股票也会大概率赚钱。

当然，如果我们能够直接应用LPPL公式，就能够更精细化地利用股价的规律，赚到更多的钱。接下来，我们将讲述直接使用LPPL公式的方法。

1.2.4　LPPL公式的使用方法

理解了LPPL公式，接下来我们给出LPPL公式的使用方法。这里，我们将利用价格公式 $\ln[p(t)] = A + B(t - t_c)^m + C(t - t_c)^m \cos[\varpi \ln(t - t_c) + \varphi]$ 对市场中"泡沫"现象进行实证研究。LPPL公式比较复杂，我们最好先对公式做简化。

1. LPPL公式拟合算法的简化

在数据的选取上，通常没有必要选择特定的时间点作为时间段的起始点。但是，在通常的处理中，会选取上一段下降趋势的极小值所在的时间点作为起始点。如果研究的时间段的价格序列存在一个明显的趋势，我们会选取一个局部的极小值所对应的时间点，使研究更为完备。时间段的终点就是需要判断"泡沫"现象是否存在和是不是"泡沫"崩溃时间点的时刻。

在LPPL公式的拟合中，我们用最小二乘法的思想，设拟合误差为

$$\text{SE} = \sum (y_t - \hat{y_t})^2 = \sum \{y_t - A - B(t_c - t)^m - C(t_c - t)^m \cos[\varpi \ln(t_c - t) + \varphi]\}^2$$

其中，y_t 为实际的资产价格的对数，$\hat{y_t}$ 为模型预测的价格的对数，t 为我们选取的时间段中第 t 个工作日。我们将SE称为优化函数。

给定一个指数或者价格的时间序列，我们用最小二乘法的思想最小化优化函数来确定参数 t_c、m、ϖ、φ、A、B、C，并以此来判断泡沫是否发

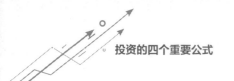

生和泡沫临界点的大致时间。这样就将问题转化为一个在实际计算中操作困难的全局优化问题。由于模型中存在非线性参数，优化函数可能存在很多个局部极小值。在模型中存在4个非线性参数的条件下，就必须要用全局启发式搜索算法才能搜索到全局极小值。全局启发式搜索算法包括遗传算法、模拟退火算法等。全局启发式搜索算法的复杂度非常高、对计算机的性能要求高、计算时间长、拟合精度相对而言又不高，这些缺点造成了LPPL公式用这种算法的拟合精度不高。更重要的是，在4个非线性参数版本的优化函数中，非线性参数使得优化函数表现出拟周期性。也就是说，如果其他参数保持不变，随着非线性参数的变动，优化函数会表现出周期性质，会出现多个局部极小值，这样在对优化函数进行优化的时候，就很难找到全局最小值。优化函数可能具有多个局部最小值，在最优化过程中得出的可能是局部最优解，而不是全局最优解，需要做多次拟合。不过，我们可以减少非线性参数的数目，从而大大降低非线性拟合的算法复杂度，同时也提高了拟合精度。减少非线性参数的方法能避免多个局部极小值问题，使得求解的时候不必使用全局优化算法，用简单的局部优化算法(Levenberg-Marquardt算法、单纯形法等)就足够了。

借助公式 $\cos(X-Y) = \cos X \cos Y + \sin X \sin Y$，我们可以将原来的LPPL公式改写为

$$\ln[p(t)] = A + B(t_c - t)^m + C(t_c - t)^m \cos[\varpi \ln(t_c - t)] \cos\varphi + C(t_c - t)^m \sin[\varpi \ln(t_c - t)] \sin\varphi$$

令 $C_1 = C\cos\varphi$，$C_2 = C\sin\varphi$，则LPPL公式可以改写为

$$\ln[p(t)] = A + B(t_c - t)^m + C_1(t_c - t)^m \cos[\varpi \ln(t_c - t)] + C_2(t_c - t)^m \sin[\varpi \ln(t_c - t)]$$

同样地，利用最小二乘法的思想，我们设优化函数为

$$F(A, B, C_1, C_2, t_c, m, \varpi) =$$

$$\sum_{t=1}^{n} \{\ln[p(t)] - A - B(t_c - t)^m C_1(t_c - t)^m \cos[\varpi \ln(t_c - t)] - C_2(t_c - t)^m \sin[\varpi \ln(t_c - t)]\}^2$$

则 $(A, B, C_1, C_2, t_c, m, \varpi) = \underset{t_c, m, \varpi}{\arg\min} F(A, B, C_1, C_2, t_c, m, \varpi)$

事实上，我们证明模型中线性参数 (A, B, C_1, C_2) 的估计可以通过下面的方程来求解。

$$\begin{pmatrix} N & \sum f_i & \sum g_i & \sum h_i \\ \sum f_i & \sum f_i^2 & \sum f_i g_i & \sum g_i h_i \\ \sum g_i & \sum f_i g_i & \sum g_i^2 & \sum g_i h_i \\ \sum h_i & \sum g_i h_i & \sum g_i h_i & \sum h_i^2 \end{pmatrix} \begin{pmatrix} A \\ B \\ C_1 \\ C_2 \end{pmatrix} = \begin{pmatrix} \sum \ln p_i \\ \sum f_i \ln p_i \\ \sum g_i \ln p_i \\ \sum h_i \ln p_i \end{pmatrix}$$

其中

$$f_i = (t_c - t)^m$$

$$g_i = (t_c - t)^m \cos[\varpi \ln(t_c - t)]$$

$$h_i = (t_c - t)^m \sin[\varpi \ln(t_c - t)]$$

所以，我们在最终对模型进行拟合时需要确定7个参数，A、B、C_1、C_2、t_c、m、ϖ，其中最重要的参数是 t_c。因此求解问题的最佳步骤是，先用最小二乘法解析确定线性待定参数，然后将其代入优化函数以得到一个仅基于非线性待定参数的优化函数。由于数据的带有误差的特性以及优化函数具有多个参数且高度非线性的事实，优化函数可能具有多个局部最小值，在最优化过程中容易为局部最优解俘获，需要做多次拟合。Levenberg等人建立了Levenberg-Marquardt算法，分别对 A、B、C_1、C_2 求取偏导从而建立方程组，从而使线性参数可以由非线性参数表达。我们可以建立参数(ω、t_c)的网络，对网络中的每个点进行搜索，求取最优化的参数。实际操作中，我们可以使用1stOpt计量软件中的Levenberg-Marquardt算法功能对原始数据进行拟合。

2. LPPL公式的使用范例之一：上证指数

经过实证拟合，可以通过拟合优度 R^2 的大小观察现实是否符合"泡沫"的LPPL公式。参考前人对历史中"泡沫"现象的研究的经验数据，当 R^2 大于0.9时，我们称某段时间的股票指数符合LPPL公式所描述的泡沫特征。我们将得到模型中最关键的参数 t_c，然后将 t_c 和时间段的终点(最后一个数据所在的时间点)比较，如果 t_c 和现在时刻相差4天以内，我们认为在 t_c 时刻，"泡沫"到达拐点，即将崩溃；再与现实中"泡沫"崩溃的拐点时间相比较。"泡沫"到达拐点，意味着接下来很有可能发生大跌，需要避险，但并不意味着这就是价格长时间的大拐点。**进行实证研究的目的是判断这些时**

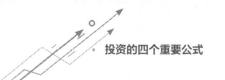

间段是否符合LPPL公式的"泡沫"，从而了解A股市场(国内的主要股票市场)中是否存在"泡沫"现象。如果存在的话，分析具体存在"泡沫"现象的时间段，以及LPPL公式能否判断"泡沫"崩溃的时间点。

我们最终选择A股市场中最受关注的股票指数上证综指作为衡量大盘的指数。这是因为上证综指涵盖的品种较多，而且其他的重要指数(如深证成指)长期与上证综指保持了较高的同步性。此外，在股票市场中，收盘价是当日的成交价格中最重要的价格，是当日多空双方争夺的焦点。根据上述分析，我们以上海证券交易所成立至今的所有上证综指的日收盘价为初始样本，对A股市场中最有代表性的股票指数——上证综指做一个全面的研究。研究中所需要的上证综指的日收盘价数据均来自Wind资讯数据库。

通过对A股上证综指历史时间序列的筛选，我们拟对可能发生"泡沫"的上证综指处于上升趋势中的1990年12月19日—1992年5月26日、1992年11月17日—1993年2月16日、1994年7月29日—1994年9月13日、1996年1月19日—1997年5月12日、1999年5月19日—2001年6月14日、2005年6月6日—2007年10月16日、2008年11月3日—2009年7月15日、2014年10月27日—2015年6月12日这8个时间段的上证综指进行实证研究(见表1-1)。这些时间段之后，上证综指的"泡沫"崩溃，进入下跌趋势。所以，对这些**样本的选择实际上存在"幸存者偏见"**。

表 1-1 上证综指处于上升趋势的时间段

时间段	区间涨幅
1990 年 12 月 19 日—1992 年 5 月 26 日	1392%
1992 年 11 月 17 日—1993 年 2 月 16 日	303%
1994 年 7 月 29 日—1994 年 9 月 13 日	224%
1996 年 1 月 19 日—1997 年 5 月 12 日	195%
1999 年 5 月 19 日—2001 年 6 月 14 日	114%
2005 年 6 月 6 日—2007 年 10 月 16 日	514%
2008 年 11 月 3 日—2009 年 7 月 15 日	105%
2014 年 10 月 27 日—2015 年 6 月 12 日	124%

1) 上证综指1990年12月19日—1992年5月26日的时间段

A股的第一次上升趋势开始于1990年12月19日。在1990年12月19日，上海证券交易所正式成立，国内股票市场同时有了第一个股票指数——上证综指。当时，A股市场上仅有8只上市交易的股票，因此国内的股票资源具有稀缺性，上证综指从起始的96.05点开始进入上涨趋势，在1990年12月19日—1992年5月26日，一共上涨了1392%。为了保护投资者尤其是个人投资者的利益，降低股票市场的波动率，当时的A股市场实施1%涨跌停板制度，之后又改成0.5%的涨跌停板制度。这段时间，政策的改变成为股票涨跌的重要催化剂。在涨跌停板制度取消后的1992年5月21日，上证综指创下历史最高，单日上涨幅度105%，资本市场政策对市场的影响力在A股市场早期就很明显。同时，上证综指开始加速上涨，在5天后的1992年5月26日，达到1429点的最高值后"泡沫"崩溃。"泡沫"崩溃之后，市场开始大幅下跌。刚刚成立几年的股票市场和投资者也不是很成熟，半年内(1992年5月26日—1992年11月17日)，上证综指就从1429点下跌73%[①]，达到最低值：386点。

我们选取了1990年12月19日—1992年5月26日的上证综指作为样本，这个时间段是A股市场中第一个被投资者认可的典型的"泡沫"。但是涨停板制度取消前的时间段，上证综指已经出现了较为明显的"泡沫"迹象，但尚未结束。因为涨停板制度取消前后，市场的波动率发生了系统性的变化，一天上涨105%和在1%涨跌停板制度下一天涨跌的幅度小于1%的情况已经明显无法用同一个模型做实证研究，所以不对这个时间段进行实证研究。

2) 上证综指1992年11月17日—1993年2月16日的时间段

A股的第二次上升趋势开始于1992年11月17日。从1992年11月17日386点的低点开始计算，在3个月的时间里，上证综指就上升到1993年2月16日的1558点，上证综指一共上涨了303%。之后，上证综指又在约5个月的时间里，下跌了79%。

我们选取了1992年11月17日—1993年2月16日的上证综指的日收盘价为样本，一共选取62个样本。为了方便计算，以1992年11月17日为第

---

① (386/1429−1)×100% ≈ −73%。

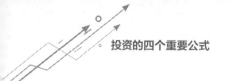

1个交易日，第t个交易日记为t(之后的实证研究也统一将起始日设为第1个交易日，第t个交易日记为t)。然后使用1stOpt计量软件中的Levenberg-Marquardt算法功能对这个时间序列的数据进行拟合，并没有得到这个时间段存在"泡沫"的结果。然而，如果我们用LPPL公式的另一形式$\ln[p(t)] = A + B(t - t_c)^m + C(t - t_c)^m \cos[\varpi \ln(t - t_c) + \varphi]$来进行拟合(见图1-4)，模型拟合的$R^2$为0.985，大于0.9，与要求相符。模型拟合得到$t_c = -0.99$，与时间段的起始点相差小于4天，其现实意义为，大约在第-1个交易日上证综指开始进入上涨趋势。模型的结果表明，上证综指在1992年11月17日—1993年2月16日时间段存在"反转反泡沫"现象，关键时间点在第-1个交易日(1992年11月17日)。LPPL公式的7个参数如表1-2所示。

表1-2　LPPL公式的7个参数（1）

A	B	C_1	C_2	t_c	m	ϖ
3.51	2.13	-0.11	0.03	-0.99	0.13	8.43

可知，得出的7个参数均符合前述参数的经验范围。

在现实中，上证综指在第1个交易日(1992年11月17日)，市场开始上涨，从此，市场进入较长时间的上涨趋势，1992年11月17日是"反转反泡沫"的拐点。事实上，在1992年11月17日之后，上证综指的上涨也是逐渐平缓的，与模型相符，由LPPL公式得出的关键时间点与现实的拐点仅仅相差2天。

图1-4是使用1stOpt软件生成的上证综指拟合图，纵坐标y为ln(上证综指)，数值范围为5.95～7.36；横坐标x为交易日天数，数值范围为1～62。

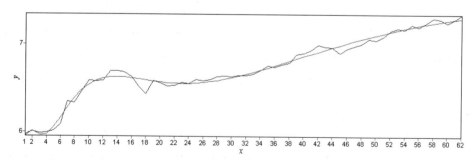

图1-4　LPPL公式对1992年11月17日—1993年2月16日的上证综指的拟合图

3) 上证综指1994年7月29日—1994年9月13日的时间段

A股的第三次上升趋势开始于1994年7月29日。当时股票市场的交易量连续萎缩，市场上的投资者逐渐对股票市场丧失信心，甚至曾经出现了政府因为股票市场萧条即将关闭A股市场的消息。为了拯救股票市场，政府监管部门连续发布多条鼓励资本市场的政策，股票市场也因此再次进入上涨趋势。在一个半月的时间里，上证综指就上涨了224%，最高达到1052点。在这个时间段里，政府监管部门连续发布多条利好政策是股市上涨的一个重要的影响因素，充分体现了A股市场受政策影响大的鲜明特点。

我们选取了1994年7月29日—1994年9月13日的上证综指为样本，一共选取33个样本，使用1stOpt计量软件中的Levenberg-Marquardt算法功能对这些样本数据进行拟合。同样，我们发现，用公式 $\ln[p(t)] = A + B(t-t_c)^m + C(t-t_c)^m \cos[\varpi \ln(t-t_c) + \varphi]$ 来进行拟合较为合适(见图1-5)。本次拟合的 R^2 为0.965，大于0.9。拟合得到的结果为 $t_c=0.99$，与时间段的起始点相差小于4天，其现实意义为，大约在第1个交易日上证综指开始进入上涨趋势。LPPL公式的7个参数如表1-3所示。

表 1-3　LPPL 公式的 7 个参数 (2)

A	B	C_1	C_2	t_c	m	ϖ
5.75	0.33	−0.001	−0.06	0.99	0.38	6.19

可知，得出的7个参数均符合前述参数的经验范围。

实证结果表明，上证综指在1994年7月29日—1994年9月13日之间存在"反转反泡沫"现象。其中模型中关键时间点在第1个交易日。实证结果表明，上证综指在1994年7月29日—1994年9月13日时间段存在"反转反泡沫"现象，关键时间点在第1个交易日。

在现实中，上证综指在第1个交易日(1994年7月29日)开始上涨，从此，市场进入了为期一个多月的上涨趋势，由LPPL公式得出的关键时间点与现实的拐点没有误差。

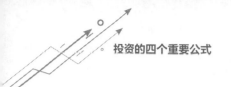

图1-5是使用1stOpt软件生成的上证综指拟合图，纵坐标y为ln(上证综指)，数值范围为5.78～6.96。横坐标x为交易日天数，数值范围为1～33。

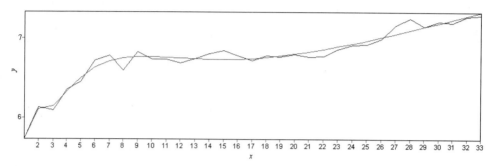

图1-5　LPPL公式对1994年7月29日—1994年9月13日的上证综指的拟合图

4) 上证综指1996年1月19日—1997年5月12日的时间段

A股的第四次上升趋势开始于1996年1月19日。此前的A股市场一直处于整体的非理性状况之中，投资者并没有试图通过长期投资获取收益，而是仅凭消息，尤其是根据政策方面的消息做出投资决策，因此股市的波动极大。1996年，投资者开始关注优质上市公司，四川长虹、深发展等当时领涨的股票都是业绩良好并且具有成长性的优质公司。本次上升趋势有理性的基础，所以本次上升趋势的时间长度明显超过了之前历次上升趋势。因为不断有新的投资者受股价不断上升的影响而进入股市，产生"羊群效应"，市场最终形成了"泡沫"现象。股指在1997年5月12日达到最高点1510点，上涨了195%。上证综指的平均市盈率也从17.9上升到55.2，上涨了208%。"泡沫"顶点的平均市盈率处于一个明显高估的状态。

我们选取了1996年1月19日—1997年5月12日的上证综指为样本，一共选取269个样本，使用1stOpt计量软件中的Levenberg-Marquardt算法功能对这些样本数据进行拟合(见图1-6)。本次拟合的R^2为0.907，大于0.9，与LPPL公式相符。拟合得到的结果为t_c=269.3，与时间段的终点相差小于4天，其现实意义为，大约在第269个交易日上证综指达到"泡沫"的顶部，"泡沫"将要崩溃。LPPL公式的7个参数如表1-4所示。

表 1-4　LPPL 公式的 7 个参数 (3)

A	B	C_1	C_2	t_c	m	ϖ
7.51	−0.10	−0.01	−0.01	269.3	0.42	7.59

可知，得出的7个参数均符合前述参数的经验范围。

实证结果表明，上证综指在1996年1月19日—1997年5月12日之间存在"泡沫"现象，"泡沫"崩溃的时间点大约在第269个交易日。

在现实中，上证综指在第269个交易日(1997年5月12日)开始下跌，从此，市场进入较长时间的下跌趋势。由LPPL公式得出的关键时间点与现实拐点的误差为0。这个时间段是A股的第二次大规模的"泡沫"时期，也是我们可以用LPPL公式进行判断的第一段"泡沫"时期。

图1-6是使用1stOpt软件生成的上证综指拟合图，纵坐标y为ln(上证综指)，数值范围为6.38～7.32。横坐标x为交易日天数，数值范围为1～269。

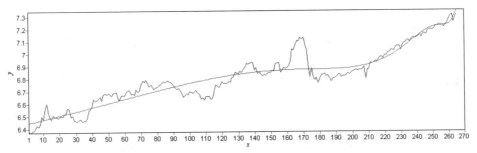

图1-6　LPPL公式对1996年1月19日—1997年5月12日的上证综指的拟合图

5) 上证综指1999年5月19日—2001年6月14日的时间段

A股的第五次上升趋势开始于1999年5月19日，这次的上升趋势因此又被称为"五一九"行情。当时，海外市场已经率先上涨，美国的高科技股"泡沫"已经进入后期，香港股票市场从1998年下半年开始连续上涨。受美国的高科技股"泡沫"影响，本次A股上升趋势中互联网主题的股票上涨最多。互联网主题股票的上涨助推上证综指一路上涨到了2245点，达到了历史最高值，期间一共上涨了114%。借助这一波上升趋势，基金行业得到了长足的发展。我们选取了1999年5月19日—2001年6月14日的上证综指为样本，一共选取497个样本，然后使用1stOpt软件中的Levenberg-Marquardt算法功能对选取的数据进行拟合(见图1-7)。经过试验，我们发现用公式 $\ln[p(t)] = A + B(t-t_c)^m + C(t-t_c)^m \cos[\varpi \ln(t-t_c) + \varphi]$ 来进行拟合较为合适。本次拟合的R^2为0.965，大于0.9，与LPPL公式相符。拟合得到的结果为t_c=0.27，与时间段的起始点相差小于4天，其现实意义为，大约在第0个交易日上证综指开始快速上涨。LPPL公式的7个参数如表1-5所示。

表 1-5　LPPL 公式的 7 个参数 (4)

A	B	C_1	C_2	t_c	m	ϖ
6.56	0.50	−0.05	−0.03	0.27	0.11	6.26

可知，得出的7个参数均符合前述参数的经验范围。

实证结果表明，上证综指在1999年5月19日—2001年6月14日之间存在"反转反泡沫"现象，关键时间点在第0个交易日。

在现实中，上证综指在第1个交易日(1999年5月19日)开始上涨，之后，市场进入长期的上升趋势。而且，在1999年5月19日之后，上证综指的整体上涨趋势的确也是逐渐平缓的。由LPPL公式得出的关键时间点与现实的拐点仅仅相差1天。

图1-7是使用1stOpt软件生成的上证综指的拟合图，纵坐标y为ln(上证综指)，数值范围为7.03～7.72。横坐标x为交易日天数，数值范围为1～497。

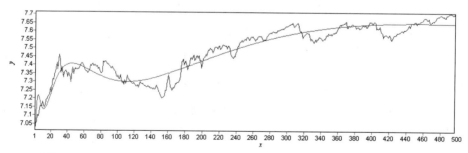

图1-7　LPPL公式对1999年5月19日—2001年6月14日的上证综指的拟合图

6) 上证综指2005年6月6日—2007年10月16日的时间段

2005年6月6日—2007年10月16日时间段是A股市场中公认的典型的"泡

沫"。2005年,股权分置改革让投资者一直担心的国有非流通股问题得到
了较好的解决。同时,国内的宏观经济比较好,随着上市公司的业绩不断增
长,投资者的信心开始恢复。公募基金在此期间有了很大的发展,很多原本
不关注股市的个人投资者也通过投资基金参与了股市,之后的人民币升值和
QFII(qualified foreign institutional investor,合格的境外机构投资者)的开放
又带来不少外资。股价的上涨吸引了原本不重视A股市场的投资者进入A股市
场,最终成就了A股市场历史上公认的一次"泡沫"。上证综指在2005年6月
6日从998点开始大幅上涨,在2007年10月16日达到最高点6124点,期间上涨
了514%。2007年10月16日上证综指创下了历史最高点6124点,这一纪录至今
未破。同时,上证综指的平均市盈率也从17.4上升到54.7,上涨了214%。

我们选取了2005年6月6日—2007年10月16日的上证综指的日收盘价为样
本,一共选取575个样本,然后使用1stOpt计量软件中的Levenberg-Marquardt
算法功能对样本数据进行拟合(见图1-8)。本次拟合的R^2为0.917,大于0.9,
在经验范围之内。拟合得到的结果为t_c=577.2,与时间段的终点相差小于4
天,其现实意义为,大约在第577个交易日上证综指达到顶部。LPPL公式的7
个参数如表1-6所示。

表 1-6 LPPL 公式的 7 个参数 (5)

A	B	C_1	C_2	t_c	m	ϖ
8.74	-0.01	-0.002	-0.001	577.2	0.79	-10.3

可知,得出的7个参数均符合前述参数的经验范围。

实证结果表明,上证综指在2005年6月6日到2007年10月16日之间存在
"泡沫"现象。"泡沫"崩溃的时间点在第577个交易日。

现实中,上证综指在第575个交易日(2007年10月16日)开始大跌,从此,
市场进入了整体的下跌趋势。LPPL公式的得出的关键时间点与现实的拐点仅
仅相差2天。

图1-8是使用1stOpt软件生成的上证综指拟合图,纵坐标y为ln(上证综
指),数值范围为6.9~8.72。横坐标x为交易日天数,数值范围为1~577。

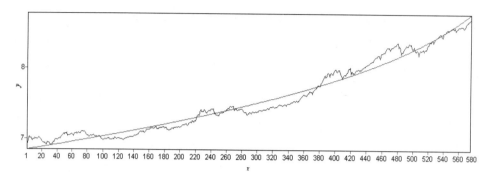

图1-8　LPPL公式对2005年6月6日—2007年8月31日的上证综指的拟合图

7) 上证综指2008年11月3日—2009年7月15日的时间段

A股的第七次上升趋势开始于2008年11月3日。一方面，股票市场从2007年6124最高点下跌至1665点，不到一年时间，此时，上证综指的平均市盈率仅为13.4。此时A股投资者的信心开始恢复。另一方面，由于2008年全球金融危机爆发，中国出台了"四万亿"经济刺激计划，导致与经济刺激计划相关的基建类上市公司的股票上涨，同时充裕的流动性对股市的上涨也起到了重要作用。上证综指从2008年11月3日开始大幅上涨，在2009年7月15日达到最高点3748点，期间上涨了125%。同时，上证综指的平均市盈率也从13.4上升到32，上涨了105%。

我们选取了2008年11月3日—2009年7月15日的上证综指的日收盘价为样本，一共选取173个样本，然后使用1stOpt计量软件中的Levenberg-Marquardt算法功能对样本数据进行拟合(见图1-9)。本次拟合的R^2为0.977，符合要求。拟合得到的结果为t_c=174.2，与时间段的终点相差小于4天，其现实意义为，大约在第174个交易日上证综指达到顶部。LPPL公式的7个参数如表1-7所示。

表 1-7　LPPL 公式的 7 个参数 (6)

A	B	C_1	C_2	t_c	m	ϖ
8.13	−0.01	−0.001	−0.002	174.2	0.71	8.48

可知，得出的7个参数均符合前述参数的经验范围。

实证结果表明，上证综指在2008年11月3日—2009年7月15日之间存在"泡沫"现象。"泡沫"崩溃的时间点在第174个交易日。

现实中，上证综指在第173个交易日(2009年7月15日)开始下跌，从此，市场的趋势改变，进入较长时间的下跌趋势。由LPPL公式得出的关键时间点与现实的拐点仅仅相差1天。

图1-9是使用1stOpt软件生成的上证综指拟合图，纵坐标y为ln(上证综指)，数值范围为7.44～8.23。横坐标x为交易日天数，数值范围为1～173。

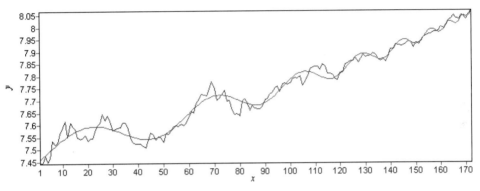

图1-9　LPPL公式对2008年11月3日—2009年7月15日的上证综指的拟合图

8) 上证综指2014年10月27日—2015年6月12日的时间段

A股的第八次上升趋势开始于2014年10月27日。2014年11月的降息政策开启了A股市场的上涨趋势。这轮上升趋势很大程度上是由资金甚至是杠杆资金(借钱投资)来驱动的。大规模的融资和场外配资是A股市场中历次"泡沫"中未曾出现过的。然而，融资与场外配资使得使用杠杆的投资者不得不模仿其他的投资行为，从而造成市场中的"羊群效应"，造成A股市场的"泡沫"现象。上证综指从2014年10月27日到2015年6月12日上涨了124%。同时，上证综指的平均市盈率也从10上涨到23.1，上涨了131%。

我们选取了2014年10月27日到2015年6月12日的上证综指的日收盘价为样本，一共选取156个样本，然后使用1stOpt计量软件中的Levenberg-Marquardt算法功能对这些数据进行拟合(见图1-10)。本次拟合的R^2为0.982，大于0.9，符合经验范围。拟合得到的结果为t_c=160.2，与时间段的终点相差小于4天，其现实意义为，大约在第160个交易日，上证综指达到"泡沫"的峰值。LPPL公式的7个参数如表1-8所示。

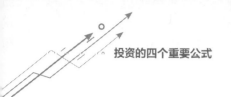
表1-8　LPPL公式的7个参数(7)

A	B	C_1	C_2	t_c	m	ϖ
8.63	−0.018	0.002	−0.001	160.2	0.76	15.1

可知，得出的7个参数均符合前述参数的经验范围。

实证结果表明，上证综指在2014年10月27日到2015年6月12日之间存在"泡沫"现象，"泡沫"崩溃的时间点在第160个交易日。

现实中，上证综指在第156个交易日(2015年6月12日)开始下跌，从此，市场进入整体的下跌趋势。由LPPL公式得出的关键时间点与现实的拐点仅仅相差4天。

图1-10是使用1stOpt软件生成的上证综指拟合图，纵坐标y为ln(上证综指)，数值范围为7.72～8.55。横坐标x为交易日天数，数值范围为1～157。

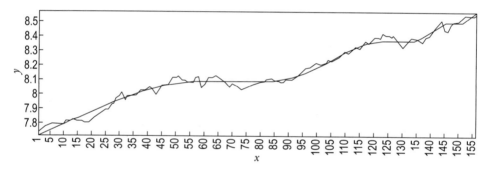

图1-10　LPPL公式对2014年10月27日—2015年6月12日的上证综指的拟合图

本节中，我们对上证综指处于上升趋势的8个时间段进行相似的实证研究。实证研究结果是1996年1月19日—1997年5月12日、2005年6月6日—2007年10月16日、2008年11月3日—2009年7月15日、2014年10月27日到2015年6月12日这4个时间段都存在明显的"泡沫"现象(见图1-11)，符合LPPL公式，并且可以用LPPL公式对"泡沫"的顶部出现的时间做出预测。

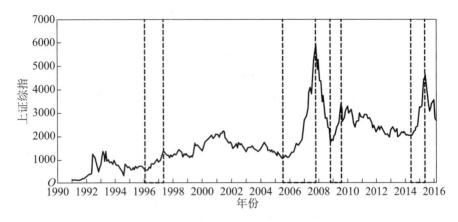

图1-11　上证综指历史存在"泡沫"的时间段

3. LPPL公式的使用范例之二：创业板指数

相较于上证综指，目前国内创业板指数的"泡沫"更多，主要有以下两个原因。

第一，创业板上市公司本身高风险、高收益的特征较为明显，不确定性诱发的非理性情绪会在投资者群体中传染，造成"羊群效应"，继而产生"泡沫"。

第二，创业板上市公司的管理层经常会利用市场的高估值，去收购那些未上市的估值便宜的公司或者相对低估的上市公司。因为被收购公司通常估值较低，所以上市公司通常能增厚利润，获得表面上的业绩增长，然后造成公司股价的进一步上涨。

相较于A股市场中其他主要指数，创业板指数的走势相对于上证综指较为独立。对创业板指数是否**存在明显的"泡沫"现象，是否符合LPPL公式的研究是很有价值的**。本节选取了2013年2月22日—2015年6月9日的创业板指数的日收盘价为样本，一共选取557个样本，然后使用1stOpt计量软件中的Levenberg-Marquardt算法功能对这些数据进行拟合(见图1-12)。本次拟合的R^2为0.938，符合要求。拟合得到的临界点结果为t_c=557.9，与时间段的终点相差小于4天，其现实意义为，大约在第558个交易日创业板指数达到"泡沫"的峰值。LPPL公式的7个参数如表1-9所示。

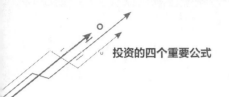

投资的四个重要公式

表 1-9　LPPL 公式的 7 个参数 (8)

A	B	C_1	C_2	t_c	m	ϖ
10.3	−1.75	−0.004	0.05	557.9	0.10	15.45

可知，得到的7个参数均符合前述参数的经验范围。

从我们得到的参数来看，ϖ=15.45，比我们在对上证综指研究中所得到的任意一个 ϖ 都大。而 ϖ 为"泡沫"期震荡的角频率[1]，这也证明创业板指数在"泡沫"中的震荡周期较短，波动率明显高于上证综指。

图1-12是使用1stOpt软件生成的创业板指数拟合图，纵坐标y为ln(上证综指)，数值范围为6.8～8.3。横坐标x为交易日天数，数值范围为1～557。

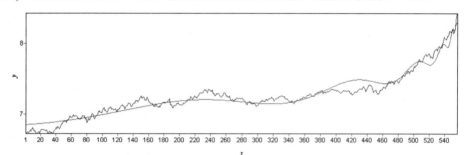

图1-12　LPPL公式对2013年2月22日—2015年6月9日的创业板指数的拟合图

实证结果表明，创业板指数从2013年2月22日到2015年6月12日之间存在"泡沫"现象，"泡沫"崩溃的时间在第558个交易日。现实情况是第557个交易日(2015年6月9日)创业板指数的"泡沫"开始崩溃，从此，市场进入下跌趋势。由LPPL公式得出的关键时间点与现实的拐点仅仅相差1天。

4. LPPL公式的使用范例之三：贵州茅台和民生银行

单纯从理论的角度来看，个股的股价"泡沫"形成和发展应该与股票指数遵循同样的规律，同样可以使用LPPL公式进行实证研究。

从前述的LPPL公式的理论推导中，我们可以得出，单个上市公司的股票价格的"泡沫"现象能够使用LPPL公式进行研究需要一个条件，即有相当多的投资者投资，才有可能形成"羊群效应"。如果上市公司的流动市值足够

---

[1]　角频率，也称圆频率，表示单位时间内变化的相角弧度值。

大，股价就不会被少数投资者操纵，否则股票的价格走势可能被单个资金规模较大的投资者所左右，而并非理论中的由投资者群体决定。

根据上面的理论分析得到的标准，在实证研究中，本节通过选取2008年11月10日—2012年7月16日时间段的贵州茅台和2012年9月6日—2013年2月5日时间段的民生银行股票的日收盘价格数据为初始样本，研究中所需数据均来自Wind资讯数据库。

1) 贵州茅台股价2008年11月10日—2012年7月16日的时间段

2008年金融危机之后，国家出台了"四万亿"经济刺激政策，通过财政政策刺激固定资产的投资，不论是大量基建的投资还是房地产的投资，这些固定资产投资项目从审批到建成都需要很多的商务交往，而在商务交往中，高档白酒扮演了增强人际关系的重要角色，这无疑提高了高档白酒的消费量，高档白酒开始涨价。因此，一些白酒经销商开始囤积高档白酒，之后甚至还吸引了一些无关的投资者囤积白酒，以期望白酒价格进一步上涨。在2008—2012年，高档白酒的代表茅台酒不断提价，在2011、2012年甚至加速上涨，形成茅台酒价格的"泡沫"。贵州茅台的主要产品飞天茅台的零售价从2008年1月的650元上涨到2012年1月的2300元，如表1-10所示。因为能找到的数据较少，未对茅台酒价格"泡沫"做拟合。

表 1-10 茅台酒价格的"泡沫"现象

日期	飞天茅台零售价 / 元
2008 年 1 月	650
2009 年 1 月	800
2010 年 1 月	1000
2011 年 1 月	1200
2012 年 1 月	2300

受此影响，在股票市场上，贵州茅台的股价出现了"泡沫"现象，大量投资者出于对茅台酒涨价的预期买入贵州茅台的股票，贵州茅台的股价因而上涨，吸引更多投资者买入。在2008年11月10日—2012年7月16日期间，贵州茅台的股价上涨159%。

本节选取了2008年11月10日—2012年7月16日贵州茅台的日收盘价为样本，一共选取896个样本，然后使用1stOpt计量软件中的Levenberg-Marquardt算法功能对这些数据进行拟合(见图1-13)。本次拟合的R^2为0.943，$R^2>0.9$。拟合得到的拐点结果为t_c=896.0，与时间段的终点相差小于4天，其现实意义为，大约在第896个交易日贵州茅台股价达到"泡沫"的峰值。

图1-13是使用1stOpt软件生成的贵州茅台股价拟合图，纵坐标y为ln(上证综指)，数值范围为4.02～5.38。横坐标x为交易日天数，数值范围为1～896。

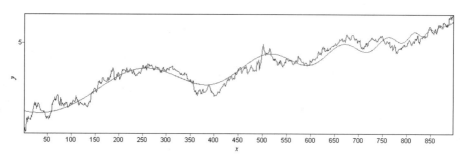

图1-13　LPPL公式对2008年11月10日—2012年7月16日的贵州茅台股价的拟合图

我们得到LPPL公式的7个参数如表1-11所示。

表 1-11　LPPL 公式的 7 个参数 (9)

A	B	C_1	C_2	t_c	m	ϖ
5.23	−0.007	−0.001	0.0003	896.0	0.70	27.84

可知，得到的7个参数均符合前述参数的经验范围。

实证结果表明，贵州茅台股价从2008年11月10日—2012年7月16日存在"泡沫"现象，"泡沫"崩溃时间在第896个交易日。

在现实中，上证综指在第896个交易日(2012年7月16日)股价开始下跌，股价从此进入下跌趋势。由LPPL公式得出的关键时间点与现实的拐点时间的误差为0。

2) 民生银行股价2012年9月7日—2013年2月5日的时间段

2012年年初以来，A股市场基本处于平稳的状态。与此同时，民生银行却在4个月左右上涨了121%。2012年下半年，我国宏观经济趋于稳定，导致投资者的悲观情绪减少，投资者的风险偏好开始上升。恰好此时，大量QFII

被集中批准，外资偏好估值低的银行业股票。综合以上因素，民生银行从2012年9月7日开始上涨。同时，"股神"史玉柱投资民生银行赚取巨额收益的消息在媒体中传播，许多无关的投资者开始买入民生银行股票，最终形成了"羊群效应"，继而导致民生银行的股价出现了"泡沫"。民生银行的股价仅仅4个月内上涨121%。

本节选取了2012年9月7日—2013年2月5日民生银行股票的日收盘价为样本，一共选取91个样本，然后使用1stOpt计量软件中的Levenberg-Marquardt算法功能对样本数据进行拟合(见图1-14)。本次拟合的R^2为0.981，大于0.9，与经验相符。拟合得到的结果为t_c=91.1，与时间段的终点相差小于4天，其现实意义为，大约在第91个交易日民生银行股价达到"泡沫"的峰值。

LPPL公式的7个参数如表1-12所示。

表 1-12　LPPL 公式的 7 个参数 (10)

A	B	C_1	C_2	t_c	m	ϖ
2.22	7.19	−7.23	0.026	91.1	0.82	0.04

可知，得到的7个参数均符合前述参数的经验范围。

实证结果表明，民生银行股价从2012年9月7日—2013年2月5日之间存在明显的"泡沫"现象，"泡沫"崩溃时间在第91个交易日。

在现实中，民生银行在第91个交易日(2013年2月5日)股价开始下跌，从此，股价进入下跌趋势。LPPL公式的得出的关键时间点与现实的拐点误差为0。

图1-14是使用1stOpt软件生成的民生银行股价拟合图，纵坐标y为ln(上证综指)，数值范围为1.43~2.3。横坐标x为交易日天数，数值范围为1~91。

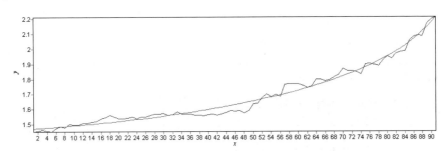

图1-14　LPPL公式对2012年9月6日—2013年2月5日的民生银行股价的拟合图

根据本节中对A股市场"泡沫"的分析，这段时间，A股市场整体上并没有"泡沫"，但是民生银行依然存在明显的"泡沫"现象。可见，即使在股市整体没有"泡沫"时，股市中的个股仍然有可能存在"泡沫"现象。

本节的实证研究结果表明，**贵州茅台股价在2008年11月10日—2012年7月16日、民生银行股价在2012年9月7日—2013年2月5日存在明显的"泡沫"。在个股层面上，A股市场中的"泡沫"同样符合LPPL公式。**

5. A股"泡沫"成因分析

对上证综指的实证研究表明，在A股市场中，上证综指在1996年1月19日—1997年5月12日、2005年6月6日—2007年10月16日、2008年11月3日—2009年7月15日、2014年10月27日到2015年6月12日这4个时间段存在明显的"泡沫"现象，并且符合LPPL公式，可以用LPPL公式预测"泡沫"的拐点出现的时间。

对板块指数的实证研究表明，创业板指数在从2013年2月22日—2015年6月9日之间存在"泡沫"现象。

对A股中单个股票的实证研究表明，贵州茅台股价在2008年11月10日—2012年7月16日、民生银行的股价在2012年9月7日—2013年2月5日存在明显的"泡沫"。在个股层面上，A股市场中同样存在符合LPPL公式的"泡沫"现象，并且可以用LPPL公式对"泡沫"的拐点出现的时间做出预测。

总体而言，A股市场从整体市场、板块指数、单个股票股价3个层面都存在"泡沫"现象，并且可以用LPPL公式对"泡沫"的顶部出现的时间做出预测。

本章中关于"泡沫"的主要内容可以概括为表1-13。

表1-13　A股市场中"泡沫"现象的实证研究结果

研究标的	时间段	R^2	"泡沫"的影响因素
上证综指	1996 年 1 月 19 日 —1997 年 5 月 12 日	0.907	优质成长股的板块效应
上证综指	2005 年 6 月 6 日 —2007 年 10 月 16 日	0.917	股权分置改革、人民币升值

（续表）

研究标的	时间段	R^2	"泡沫"的影响因素
上证综指	2008 年 11 月 3 日—2009 年 7 月 15 日	0.977	"四万亿"经济刺激计划
上证综指	2014 年 10 月 27 日—2015 年 6 月 12 日	0.982	降息、融资与场外配资的助推
创业板指数	2013 年 2 月 22 日—2015 年 6 月 9 日	0.938	上市公司不断并购
贵州茅台	2008 年 11 月 10 日—2012 年 7 月 16 日	0.943	茅台酒价格的"泡沫"
民生银行	2012 年 9 月 7 日—2013 年 2 月 5 日	0.981	大量 QFII 被集中批准

6. 使用LPPL公式分析"泡沫"的最佳场景：热点板块

A股市场从整体市场、板块指数、单个股票股价3个层面都存在"泡沫"现象，并且可以用LPPL公式对"泡沫"做出预测，那么在哪个层次上研究"泡沫"现象最为合理呢？

热点几乎就是"泡沫"的同义词。热点板块内的股票跟随龙头股票，同涨同跌，这也是"羊群效应"的一种体现。因此，从原理上来说，**使用LPPL公式分析"泡沫"的最佳场景就是热点板块**。实践也能够验证这一点。希望读者在应用LPPL公式时，能够从热点板块着手研究。

那么，在市场中，什么样的板块是热点板块？也就是说哪些板块容易引发"羊群效应"？如果某个板块上市公司的业绩增速非常快，大家容易产生积极情绪，便会形成热点。至于什么情况下行业的业绩增速快并且行业空间广阔，我们将在本章第3节中进行解析，基本结论是行业渗透率较低时会出现类似的情况，比较典型的例子有2014年以后的新能源汽车板块；政策或者事件驱动，也会在短期内形成明显的热点，例如2017年国家提出雄安新区规划后，雄安新区土地价值飞涨，短期内，雄安板块成为全市场的热点。

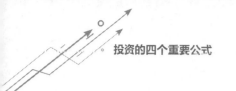

7. 结论：利用LPPL公式赚差价

从LPPL公式的理论推导可知，LPPL公式能够刻画"泡沫"现象。做差价赚钱必然利用"泡沫"现象。因此，**做差价赚钱可以利用LPPL公式**。后面的实证研究表明，**A股市场从整体市场、板块指数、单个股票股价3个层面都存在"泡沫"现象，可以用LPPL公式对"泡沫"顶部出现的时间做出预测**。除此之外，大量相关实证研究证明，在海外市场、期货市场、房地产市场乃至艺术品市场，市场价格的"泡沫"现象也符合LPPL公式。利用LPPL公式赚差价是各类资产投资的通用方法。

1.3 成长空间怎么估：Bass公式

本章1.1节中提到，如果我们想知道一家公司未来能够赚多少钱，首先要解决这家公司到底能够成长到多大的规模。一家公司的成长空间与行业的规模有莫大的关系。

要了解一家公司的成长空间，首先要弄清楚该行业的成长空间。如果一个行业还有成长空间，该行业生产的产品对于市场中某些消费者来说还是新产品，无疑会让该行业中公司的成长变得更容易。针对这些新产品的成长空间，美国管理学家Frank Bass给出了Bass公式。Bass公式能够刻画新产品的需求量，或者说销量的成长空间。下面将给出Bass公式的详细推导过程。

1.3.1 Bass公式的推导

我们首先假设新行业的产品的确满足了消费者的需要，消费者在本期消费之后，在下一期还会消费。此时，要想知道行业的成长空间，我们要知道有潜在需求的消费者总数，我们设潜在的市场容量为m。

这些潜在的消费者受到两种影响可能会尝试新产品。

第一种是外部影响，也就是还没用过新产品的消费者受到大众传媒的影响试用新产品。这样的消费者在潜在消费者中的比例，我们记为外部影响系数 p。

第二种是消费者内部的影响，也就是还没用过新产品的消费者受到其他消费者的推荐，或者说受口碑的影响试用新产品。这样的消费者在潜在消费者中的比例，我们记为内部影响系数 q。

根据市场容量 m、外部影响系数 p、内部影响系数 q 这三个参数，我们可以得出消费者在第 t 期的需求量 $N(t)$，进而得到新行业的新产品的成长过程的公式，也就是 Bass 公式的微分形式，即

$$\frac{\mathrm{d}N(t)}{\mathrm{d}t} = p[m - N(t)] + qN(t) \cdot [m - N(t)]/m \tag{1-5}$$

其中，等式右边第一项 $p[m-N(t)]$ 是受外部影响的需求量，$qN(t) \cdot [m-N(t)]/m$ 是受内部影响的需求量。

等式两边进行积分，由此得出 Bass 公式，即

$$N(t) = m\left[\frac{1 - \mathrm{e}^{-(p+q)t}}{1 + \dfrac{q}{p}\mathrm{e}^{-(p+q)t}}\right] \tag{1-6}$$

Bass 公式在理论上较为完备，在现实中也被屡屡验证。但是，这个公式只能够刻画已经上市一段时间、已经完成了市场验证的新产品和新行业。而新产品刚刚上市的时候，通常其功能和使用方法对消费者来说非常陌生。这个时候，我们无法对 Bass 公式中的市场容量 m、外部影响系数 p、内部影响系数 q 做出相对可靠的估计。

1.3.2　Bass公式的灵魂：S曲线

1. Bass公式的图形

前面，我们得出了刻画行业成长空间的 Bass 公式(1-6)，由这个公式可以很容易得到 Bass 公式的典型图形，如图1-15所示。

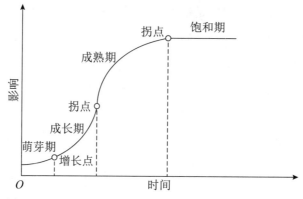

图1-15　Bass公式的典型图形(p、q值分别为0.03和0.38)

很多读者发现这个图形非常眼熟，这个图形就是大家熟悉的S曲线。现实中，类似Bass公式的成长曲线太普遍了。一个生物群落的发展，新想法、新技术的传播，一个行业、一个公司乃至一个城市的发展等看似毫不相关的领域，竟然都能被这样一条成长曲线所描述。在这些领域，我们可以给出类似Bass公式的推导过程。在某种程度上，**Bass公式反映了生命体和类似生命体以及他们的群落的成长规律**。所以，不妨把Bass公式当作一个普遍的成长规律，其对象可以是生物体、生物群落，甚至可以是传播的思想。

2. Bass公式的特性

由Bass公式得出的模型简明易懂，并且足以判断行业长期的成长空间。该模型与现实能有非常好的对应。以一家公司的成长过程为例。当一家公司刚刚创立时，产品鲜为人知。随着了解这家公司的人越来越多，公司产品会被迅速推向市场，形成了一段陡然上升的曲线。这时候，销量增长的绝对量是整个成长过程中最大的。大概以**渗透率50%为分界点，随着市场天花板即将来临，成长速度也逐渐变慢**。公司正式进入缓慢增长的阶段，直到市场完全饱和，之后业绩(收入、利润)保持与通胀率差不多的增长速度。曾有人诗意地描绘道："这样的增长就像有两次生命——第一次飞快，第二次缓慢。"

1.3.3　Bass公式的实证研究

相对于LPPL公式，Bass公式的形式较为简单，参数仅有3个。我们完全可以再次使用1stOpt软件，用最小二乘法对实际的销量数据进行拟合，得到市场容量m、外部影响系数p、内部影响系数q，再对产品未来的销量进行预测。

在现实中，多国学者做了大量的验证工作。复杂网络科学家Geoffrey West在《规模：复杂世界的简单法则》(2017)一书中介绍了一些基于美国市场的实证研究，验证了美国公司的成长总体符合Bass公式。

Geoffrey West等人计算了标准普尔公司会计数据库所有28 853家公司销售额扣除通胀因素后的销售额数据，并标绘了从1950年开始的美国公司销售额扣除通胀后的销售额的图形，如图1-16所示。为了将所有数据绘制在一张图中，代表销售额的纵轴取了对数。

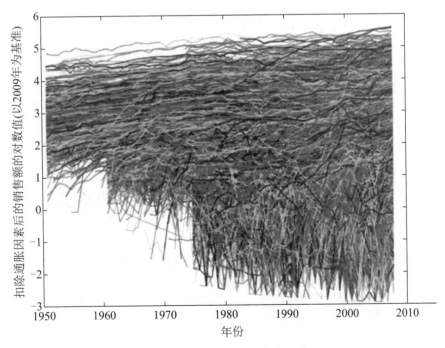

图1-16　美国公司成长曲线汇总

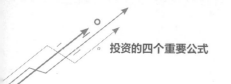

尽管这张图如同一团乱麻，但这张图给出的信息是非常简单且有力的。美国公司的整体成长规律是明确的：当一个小公司刚刚成立，年轻的、充满活力的公司很快便冲出了起跑线，并迅速增长，然后增长速度逐渐减缓。有的公司退出市场，有的公司幸存下来，逐渐成熟，但利润增速缓慢很多，如沃尔玛。此外，这些成立已久、增长缓慢的公司的向上趋势都以相似的曲线沿着一条直线变化。在这个半对数坐标系①中，纵轴的数值(销售额)是对数，而横轴(时间)呈线性变化，从数学意义上来说，近似直线变化的趋势意味着销售额随着时间的变化而呈指数级增长。因此，平均而言，所有幸存下来的公司最终都会步入稳定但缓慢的指数级增长趋势。

在扣除通胀和市场扩张因素之后，美国公司的成长规律就是由前面总结的Bass公式所刻画的。

到目前为止，实证研究表明，在不同的国家，**公司的成长规律都遵循Bass公式**。

在中国市场，由于中国公司的经营历史还不够长，同时，对应的数据库也不够完备。现在还没办法做类似规模的研究。另外，中国市场中大量公司还没有进入饱和期，也不利于进行研究。不过，由于原理相似，我们可以想见，中国公司的成长规律也是遵循Bass公式的。

除了通过Bass公式来推断行业的成长空间，我们还需要对行业内的格局进行进一步的判断。我们需要用下一节中讲解的BA公式②来解决这个问题。

1.4 行业格局的演化："护城河"的BA公式

在本章1.1节中提到，要想基于公司自身的回报来赚钱，首先要确定公司未来能赚的钱，投资方式主要分为两种。

---

① 半对数坐标系，由一条分度均匀的普通坐标轴与一条分度不均匀的对数坐标轴构成的坐标系。

② BA公式以公式的提出者 Barabasi 和Albert命名。

第一种是清算这个公司，出卖其资产，获得现金。这种方法的原理非常简单，但是评估清算资产是一项技术活。对于一般投资者来说，分散化地投资市值低于清算价值的公司可能是一种可行的投资方式。这种方法难度不大，具体操作中公司的特性更为重要，感兴趣的投资者可以自行研究。

第二种是投资有"护城河"的公司。这个公司要有长期的竞争优势，能够确定未来也赚得到现金。否则，即便现在看起来投资回报很高，但很有可能将来公司会陷于无差异化的竞争。

在《巴菲特的护城河》一书中，作者认为护城河有网络效应、无形资产（品牌、专利）、转移成本、规模经济四种。但是，我们通常认为"护城河"的转移成本、规模经济是短期竞争优势。只要投入一定的资金，这些短期竞争优势并不是不可突破。

真正的护城河只有网络效应、品牌、城市土地、专利四种。其中，关于专利相对好理解，就是政府授予的一段期限内的特许垄断权，我们只要能够理解相关的法律法规即可投资。关于网络效应、品牌和城市土地，需要对行业有非常深刻的理解，其实是非常难的。以下利用复杂科学中的BA公式简单分析一下网络效应、品牌、城市土地这三种"护城河"。BA公式为

$$P(k) = \frac{\partial P\big[k_i(t) < k\big]}{\partial k} = P\Big(t_i > \frac{m^{1/\beta}t}{k^{1/\beta}}\Big) = \frac{2m^{1/\beta}t}{t + m_0}\frac{1}{k^{1/\beta+1}}$$

在结合Bass公式预测行业的成长空间的基础上，如果我们再通过BA公式计算出行业内的格局，就可以得到未来公司发展的规模，也能计算出公司未来的盈利体量。

1.4.1　BA公式的推导

Albert-Laszlo Barabasi和Reka Albert为了解释幂律的产生机制，给出复杂网络的BA公式。他们认为，大部分真实的网络都是生长的复杂网络，外部会有新的节点不断地加入现有的复杂网络。而且，新的节点不是随机地加入现有网络，而是偏向复杂网络中的某些节点。对大量的现实中的复杂网络的研

究表明，新的节点偏向加入原有网络中原本连接数量较多的节点。因为大量新的节点其实是受网络中的节点的影响才加入网络的，原本连接数量较多的节点才有更大的可能影响新的节点。在复杂网络科学中，这说明节点的连接概率与节点度(即连接数量)是正相关的。

鉴于此，BA公式把幂律度分布引入复杂网络，描述了从少数核心节点发展为复杂网络的过程。

BA公式给出了两个非常重要的原理：网络生长和择优连接。

(1) 网络生长。网络从原始的m_0个节点开始，不断有新的节点加入网络。每隔一段时间增加一个新的节点，在m_0个节点中选择$m(m<m_0)$个节点与新节点相连。

(2) 择优连接。新节点在网络中被连接的概率与网络中已存节点i的连接数k_i成正比，j为与i独立的整数，即

$$\prod(k_i) = \alpha k_i, \alpha = 1/\sum_j k_j$$

这样在t段时间之后，网络中有$N=t+m_0$个节点，有m_t条边。假设k_i是一个连续随机变量。从择优连接原理可知，k_i变化的速率与连接概率(k_i)成正比，因而满足动力学方程

$$\frac{\partial k_i}{\partial t} = m\prod(k_i) = m\frac{k_i}{\sum_j k_j}$$

每一步加入m条边，增加$2m$个连接数，于是分母求和项为$\sum_j k_j = 2mt$。

因为初始条件为$k_i = m$，所以方程的解为

$$k_i(t) = m(\frac{t}{t_i})^\beta, \beta = 1/2$$

根据这个方程，可以写出连接数少于k的节点的概率为

$$P[k_i(t) < k] = P(t_i > \frac{m^{1/\beta}t}{k^{1/\beta}})$$

不断地向网络中增加节点，则t_i值就有一个常数概率密度

$$p(t_i) = 1/(m_0 + t)$$

因此，复杂网络中连接数大于k的节点的概率为

$$P[k_i(t) > k] = P(t_i) \times \frac{m^{1/\beta}t}{k^{1/\beta}} = \frac{m^{1/\beta}t}{k^{1/\beta}(t+m_0)}$$

而网络中所有节点的概率之和为1，所以连接数小于k的节点的概率便为

$$P[k_i(t) < k] = P(t_i > \frac{m^{1/\beta}t}{k^{1/\beta}}) = 1 - \frac{m^{1/\beta}t}{k^{1/\beta}(t+m_0)}$$

于是得到连接数分布为

$$P(k) = \frac{\partial P[k_i(t) < k]}{\partial k} = P(t_i > \frac{m^{1/\beta}t}{k^{1/\beta}}) = \frac{2m^{1/\beta}t}{t+m_0}\frac{1}{k^{1/\beta+1}} \qquad (1\text{-}7)$$

当t趋近于无穷大时，由式(1-7)知道BA公式中的**连接数分布**$P(k)$**具有幂律特征(幂次为**-3**)**。如果画出这条曲线，则可以看到这是一条随着k增加，$P(k)$不断下降的曲线。

1.4.2　"护城河"的实质：BA公式

有了复杂网络的BA公式，我们就可以顺利地研究网络效应、品牌和城市土地这三种"护城河"了。事实上，**网络效应、品牌和城市土地这三种"护城河"都是BA公式的表现形式**。

1. 网络效应

当某行业的用户价值取决于其他用户或者供应方的多样化时，我们就称某个行业具有网络效应。网络效应是所有"护城河"中最强大的一种，它是**聚集在点上的网络效应**。BA公式中的连接数分布$P(k)$具有幂律特征(幂次为-3)，而具有网络效应的行业中公司和BA模型中的节点一样，如果不考虑进一步的竞争，在这类行业中，就规模而言，第一位：第二位：第三名…=1：$(1/2)^3$：$(1/3)^3$…。我们可以容易地算出排名第一位的公司在行业中的占比为83%[①]。这是非常高的，即便行业中第二位、第三位等联合起来，也不足以与之竞争。具有网络效应的行业最终可能会形成自然垄断。

---

① $1 \div \left(1 + \dfrac{1}{2^3} + \dfrac{1}{3^3} + \cdots\right) \times 100\% \approx 83\%$。

在互联网行业中，有大量的商业模式具有网络效应。如果某种平台能够做出差异化，比如手机的操作系统分为高端和中低端，就会形成两类平台：iOS和安卓。两类平台的用户量比例约为17%(由于第一位占比过大，其他的公司会自发地联合起来与之竞争，才能生存)和83%。如果某种平台不能形成差异化，就会形成单个自然垄断的平台。

2. 品牌

如果一个行业里的公司能够让消费者将消费之后的快乐感或者对质量的信任与品牌联系在一起，就能够形成另外一种"护城河"：品牌。品牌的护城河作用仅次于网络效应，可以理解成**聚集在线上的网络效应**。以最出名的双寡头可口可乐、百事可乐为例，其产品线和口感基本相同，但是品牌形象有所区别。可口可乐是最早的可乐公司，品牌形象是经典、正宗的，广告词是"real thing"；百事可乐是后起的挑战者品牌，品牌形象是新潮、有活力。因此，可乐行业的品牌形成了从"经典"到"新潮"的连续谱(本质上是一条线)。品牌护城河的本质可以理解为不同定位(一条线)上的网络效应的集合，对应BA公式中主要公式的积分。从BA公式来理解，就是BA公式在线上做了一次积分，连接数分布$P(k)$具有幂律特征的幂次变为-2。如果不算进一步的竞争，行业中各公司就如同BA公式中的节点一样。就规模而言，第一位：第二位：第三位…=1：$(1/2)^2$：$(1/3)^2$…。

我们可以算出排名第一位的公司在行业中的占比为60%[①]，占比比较高，其他的公司联合起来(占比40%)竞争才能生存。因此，该行业最有可能形成双寡头格局，双寡头的用户量比例约为60%和40%。

品牌"护城河"在消费品行业尤其有威力，因此，消费品行业常常会形成双寡头的行业格局。例如空调行业的格力电器和美的电器，前面提到的可乐行业的可口可乐和百事可乐。品牌在一些非标准化的2B(to business)行业也非常显著，例如，在通信设备行业，我国国内就形成了华为和中兴通讯双寡

---

① $1 \div \left(1 + \dfrac{1}{2^2} + \dfrac{1}{3^2} + \cdots\right) \times 100\% \approx 60\%$。

头的行业格局。前面算出双寡头的市场份额约为60%和40%，现实中双寡头中领先者和跟随者的利润比例也大致与此相同。

3. 城市土地

人口和各种要素的聚集会给人们带来多样化的工作和消费选择，会吸引人们聚集起来，形成城市，但这种聚集是有限度的。与十千米以外的大卖场相比，人们更可能在周围的小店消费，尽管大卖场的货物更多样。类似这种大卖场创造的价值会最终沉淀在土地上，各种要素聚集的土地的价值最终会升高，这样就形成了另外一种护城河：城市土地。城市土地是三种"护城河"中最弱的一种，可以理解成**聚集在区域中的网络效应**。从BA公式的角度理解，土地本质上是一块区域，BA公式在一块区域上做了两次积分，连接数分布$P(k)$具有幂律特征的幂次变为-1。行业中的公司就规模而言，可以类比BA公式中的节点，第一位：第二位：第三位…=1：(1/2)：(1/3)…。

这条规律就是城市人口规模分布的Zipf法则：在一个国家，其人口数量排名第二的城市，是排名第一的城市人口的二分之一；排名第三的城市的人口，是排名第一城市人口的三分之一……简要地可以理解为一个城市的人口排名和该城市的人口总数的排名相乘应该等于一个常数，各个城市人口排名的对数就应当与人口规模的对数呈严格的负相关关系。我国城市人口还未达到均衡态，后续章节会解释原因和未来可能的发展变化。

从上面的分析得知，网络效应、品牌和城市土地这三种"护城河"都是BA公式的具体表现形式，可见BA公式的内涵之丰富。BA公式是本书中4个公式的重中之重，也是本书第3章到第5章的主要内容。在此，就不做展开分析。

1.5　投资仓位怎么定：Kelly公式

前文给出3个挖掘投资机会的公式。如果投资者能够彻底掌握这些公式，应该能够从市场中发现大量的投资机会。这就带来另一个非常重要的问

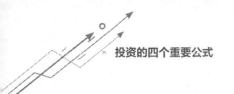

题：到底应该如何权衡这些投资机会，分别投资多少钱在这些不同的投资机会上？这就需要比较和选择。投资学中，在一个投资机会上投资多少比例的钱，称为投资多少仓位。前面的问题也就可以自然地转化为：投资仓位怎么定？接下来，我们将通过两道简单的习题来得到答案。

1.5.1　简单的Kelly公式的推导

问题：假设存在一个项目可以投资，有p的概率会获利，b为收益率，$(1-p)$的概率会损失本金。如果要达到长期投资回报最高，也就是长期资金复合增长率最大化的目标，我们应该投入多少比例(仓位)的资金呢？

答：如果我们的总资金为1，一次投入k，最终我们有p的概率获得$(1+bk)$的回报，$(1-p)$的概率会损失1。

如果$p=M/N$(其中$M\leqslant N$)的概率获得收益率b，那么长期来看，发生的N次中有M次该事件，其他时候损失投入的资金。统计下来，总回报率为$(1+bk)^M(1-k)^{(N-M)}$，复合增长率为$(1+bk)^{M/N}(1-k)^{(1-M/N)}$，也就是$(1+bk)^p(1-k)^{(1-p)}$。

所以要求资金复合增长率最大化，也就是要求$(1+bk)^p(1-k)^{(1-p)}$最大化。

对$(1+bk)^p(1-k)^{(1-p)}$求对数(ln)，然后求导，得到$\dfrac{\partial \ln(1+bk)^p(1-k)^{(1-p)}}{\partial k}=0$，可以算出

$$k=\frac{bp-(1-p)}{b} \tag{1-8}$$

式(1-8)即一元Kelly公式，该公式以公式的提出者约翰·凯利(John Kelly)命名。也就是说，**如果要达到长期投资回报最大化的目标，我们的仓位应符合式(1-8)**。

实际上，假设存在一个投资标的，有p的概率获得收益率b，$(1-p)$的概率会损失本金。如果要达到投资复合增长率最大化的目标，我们应该投入$k=\dfrac{bp-(1-p)}{b}$的资金。在这个意义上，投资活动和赌博游戏在数学上是等价的。

特别有意思的是，$k=\dfrac{bp-(1-p)}{b}$ 中的分子 $bp-(1-p)$ 其实就是投资预期收益。所以，我们可以自然地引出一条准则，**如果预期收益为负，我们就不要去投资这个项目，或者卖出这个项目**。在赌场里面大部分赌博项目都是一种预期为负的游戏，因此，开赌场是比去赌场赌博更好的选择。

简单的Kelly公式虽然也有丰富的含义，但是，我们通常会有不止一个投资机会，简单的Kelly公式并不能解决我们的疑问。接下来，我们会推导出多元的Kelly公式，最终解决仓位的难题。

1.5.2　多元的Kelly公式的推导

问题：假设存在一系列可投资的项目 A_1，A_2，…，A_i，…，A_n，它们的回报分布各不相同。如果我们要达到长期投资回报最高，也就是长期资金复合增长率最大化的目标，我们的投资组合应该是怎么样的呢？

答：设投资项目 A_i 的回报分布如下。

有 p_{ij} 的概率获得收益率 b_{ij}（将这个结果记为 A_{ij}），其中 $\sum\limits_{j} p_{ij}=1$，$b_{ij}=(V_{内在}-P_{成本})/P_{成本}$。$V_{内在}$ 表示项目产生的现金流与出售项目的现金流中的较高者。

如果我们的总投资为1，投资 A_i 的仓位是 l_i，最终我们有 $P(A_{1j}A_{2j'}\cdots A_{nj''})$ 的概率获得 $1+b_{1j}l_1+b_{2j'}l_2\cdots+b_{nj''}l_n$ 的回报。

如果某分布为，有 $P_i=M_i/N$（其中 $\sum\limits_{i} M_i=N$）的概率获得收益率 b_i，那么长期来看，发生的 N 次中有 M_i 次该事件，总回报率为 $\prod\limits_{i}(1+b_i)^{M_i}$，复合增长率为 $\prod\limits_{i}(1+b_i)^{M_i/N}-1$，即 $\prod\limits_{i}(1+b_i)^{P_i}-1$。

所以要求长期内在价值的最大化，即要求 $\prod\limits_{j,j'\cdots j''}(1+b_{1j}l_1+b_{2j'}l_2\cdots+b_{nj''}l_n)^{P(A_{1j}A_{2j'}\cdots A_{nj''})}$ 最大化。简化起见，当可投资的项目 A_1，A_2，…，A_i，…，A_n 相互独立时，即要求 $\prod\limits_{j,j'\cdots j''}(1+b_{1j}l_1+b_{2j'}l_2\cdots+b_{nj''}l_n)^{p_{1j}p_{2j'}\cdots p_{nj''}}$（记为 W）最大化。其中，

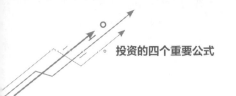
$$\prod_{j,j';\cdots j''} (1+b_{1j}l_1+b_{2j'}l_2\cdots+b_{nj''}l_n)^{p_{1j}p_{2j'}\cdots p_{nj''}}-1\prod{}^{(\cdots\cdots)^{-1}} = r^{\frac{t}{T}}。$$

对W求对数(ln)，然后求导，我们得到

$$\frac{\partial \sum\limits_{j,j';\cdots j''} p_{1j}p_{2j'}\cdots p_{nj''} \, ln(1+b_{1j}l_1+b_{2j'}l_2\cdots+b_{nj''}l_n)}{\partial l_i}=0$$

即

$$\frac{\sum\limits_{j,j';\cdots j''} p_{1j}p_{2j'}\cdots p_{nj''}b_{ij'''}}{1+b_{1j}l_1+b_{2j'}l_2\cdots+b_{nj''}l_n}=0 \qquad (1\text{-}9)$$

其中，$i=1\sim n$；j，$j'\cdots j''$为A_i不同结果的随机排列。

我们可以从式(1-9)解出最终的A_i的投资仓位l_i。也就是说，**如果要达到长期投资回报最大化的目标，我们的投资组合的仓位应符合式(1-9)。**

1.5.3 Kelly公式告诉我们什么

特别地，当我们考虑式(1-9)最简单的情况，只有一个项目A_1，p_1和p_2是项目A_1发生两种情况的概率。一种是，有p_1的可能性获得收益率b_1；另一种是，有$p_2=1-p_1$的可能性没有任何现金流产生，获得$b_2=-1$的收益率。大家知道，这就是简单Kelly公式的情形。根据式(1-8)，我们得到项目A_1的仓位应为$l=\dfrac{(b_1+1)p_1-1}{b_1}$。因为$l=p_1-\dfrac{p_2}{b_1}$，同时$(p_1-\dfrac{p_2}{b_1})\leqslant p_1$，而且$p_1=1-p_2$，所以，仓位$l\leqslant 1-p_2$。随着项目的增加，我们的选择越来越多，投资一个项目的仓位不可能增加。所以我们得到一条有用的结论：想要达到长期内在价值复合增长率最大化的目标，**在一个项目A_i上的仓位不能超过1与项目A_i没有产生任何现金流的概率的差。**这条结论在风险投资中很有参考价值。这条结论还能再引出一条结论：**如果项目有可能倒闭，不产生任何现金流，那么无论如何都不能借债投资(仓位大于100%)。**

另外，我们可以简单比较一下Kelly公式和教科书中主流组合理论的不同。其中，最大的不同是主流组合理论只考虑了某一单一时期的投资，并不考虑这一单一时期的投资结果对之后投资的影响。我们能够感觉到，这个公

式对于长期投资的情况，其实更加接近投资者现实的需求。当然，Kelly公式
在达到长期投资回报最大化的目标的同时，并没有考虑波动性的问题。实际
的投资结果可能波动性较大，因此，该公式仅仅满足特定投资人群(只关注长
期投资回报的人)的需求。

1.5.4　Kelly公式简史

Kelly公式是一个追求最大化的公式，并不是刻画现实的。所以，不能像
之前三个公式一样对其做实证研究。但是事实上，大量优秀的投资者正在或
者疑似在使用Kelly公式佐证公式的合理。下面对投资者使用Kelly公式的历史
做一下梳理，从侧面来观察该公式的威力。

1. 始祖：凯利和香农

Kelly公式来自一个貌似完全和投资不相干的地方——贝尔实验室。学计
算机的读者都了解贝尔实验室曾经有一位名人——信息论的提出者克劳德•香
农(Claude Shannon，1916年4月30日—2001年2月24日)。香农是一位传奇人
物，他在硕士论文提出用开关电路进行逻辑运算的方法。第二次世界大战时
期，香农为军方服务，参与破译敌方密码，因此他开始思考有关信息的一些
基本原理。1948年，香农在同事的催促下才发表了重要的信息论论文。中年
的香农突然对投资产生了强烈的兴趣，为了专心研究投资，他主动辞去贝尔
实验室的工作，甚至提前退休。

在香农信息论论文发表8年后，香农在贝尔实验室的一位助手——约翰•凯
利(John Kelly)在研究信息论论文的过程中，参考香农关于长途电话噪声的工作
原理推导出了Kelly公式。有了Kelly公式，投资者可以有效地进行投资资金的
仓位管理。按照Kelly公式，对市场中的投资机会进行长期投资，既能够让长期
投资回报最大化，同时还没有破产风险。香农作为凯利的前任领导，显然读过
这篇文章，并且开始了自己在投资上的摸索，最终成为专业投资人。甚至可以
说，Kelly公式对香农的下半生产生了决定性的影响。

香农整整做了35年的股票投资，超过他从事信息论研究的时间。35年里，香农的投资年化收益率达到27%，堪称惊人。香农的投资手法和年化收益率是一般投资者望尘莫及的。香农最成功的投资是对他的贝尔实验室同事所创立科技公司的投资。

2. 中流砥柱：爱德华·索普

麻省理工的数学教授爱德华·索普(Edward O. Thorp)阅读了凯利的论文，发现了Kelly公式的大用处。索普开始利用该公式对21点游戏中每次下注的多少进行计算，胜算大的时候下注多，胜算小的时候下注少。索普制作了一个小型计算器，在拉斯维加斯的好几家赌场小试牛刀，在几天内，他就用21点制胜公式获得了几倍的收益。(请读者注意，按照目前21点游戏的新规则，结合Kelly公式已经难以获得正收益，读者不必费心去重现索普的赌神事迹)

在成功挑战几家赌场之后，索普开始总结经验，并且着手开始赌场秘籍《战胜庄家》的写作。1962年，该书出版后，迅速登上了《纽约时报》畅销书排行榜，一时赌徒们争相抢购。赌场老板们被这个大学教授吓倒了，纷纷把索普列入赌场黑名单。同时，索普慢慢对赌场失去了兴趣。多年之后，麻省理工学院数学系一群学生效仿索普，利用Kelly公式在拉斯维加斯赌场兴风作浪，还被拍成电影《决胜21点》。

1965年，已经对赌场不感兴趣的索普把目光投向了真正的投资，他来到了美国投资行业的中心——华尔街。索普目光敏锐地发现了Kelly公式在新生的股票权证市场中的用处。权证类似看涨或看跌期权，是一种长期合约，赋予你在未来某天以某个特定的价格买卖某只股票的权利。在20世纪70年代，权证的交易量很小，买卖股证的都是交易商，权证的价值并没有得到关注。

于是索普找到了一位长期研究权证的金融学教授——希恩·卡索夫(Sheen Kassouf)，两个人一见如故，没过多久就一起研究出了一套名为"科学权证市场系统"的投资策略。他利用这套系统和自己熟悉的Kelly公式，创立了自己的对冲基金(也就是国内的私募基金)，并且成为投资行业中使用数学和编程的开路先锋。该基金28年年化投资回报率高达20%。

索普曾经披露过自己的仓位公式。因为权证市场波动极大，单纯用Kelly公式，最终的投资结果多半也会波动极大，引发投资人的担忧，所以索普通常使用Kelly公式确定的仓位的一半作为自己的实际仓位。

更传奇的是，索普在一次与巴菲特打桥牌和一次短暂交谈之后，就判断巴菲特将成为世界首富，然后将自己的不少资金投资在巴菲特的伯克希尔·哈撒韦公司，同时减少自己在投资上投入的时间。个人感觉，索普和老虎系掌门人罗伯特森可以并列，是历史上最牛的两位FOF(fund of fund，投资于基金的基金)经理。索普和巴菲特到底聊到了什么让索普有如此的信心？我相信，其中少不了贯穿索普一生的、在桥牌等纸牌游戏中也经常用到的Kelly公式。

3. 巴菲特到底用不用Kelly公式

上面提到，索普和巴菲特可能聊过Kelly公式。那么，著名的投资者巴菲特是否在投资中使用Kelly公式？事实上，巴菲特和他的合伙人芒格都被数次询问过用不用凯利公式的问题。巴菲特每次都顾左右而言他，而芒格曾经正面回答过这个问题："我们不会使用任何会计公式来决定投资的规模。Kelly公式只是在你不断重复投资的情况下有效。因为我们很少出手，所以这个公式不适用。Kelly公式在赌博中行得通，但对我们这种风格的投资无效。Kelly公式是一个正确的公式，但只针对某些类型。"

按照这种说法，芒格首先认为Kelly公式是一个正确的公式，其次他认为实现价值投资的Kelly公式时间尺度比较长。因此他们实际上和索普一样，使用了比Kelly公式更为保守的策略。巴菲特和芒格对所投资公司的持有期限甚至会超过20年，在长期投资获得巨额回报后，因为卖出股票需要交纳巨额的利得税，所以他们倾向于不卖出，这样就不会出现用一笔资金不断投资的情况。但是，巴菲特和芒格在早期的投资中对股票的持有期限并不长，所以可以使用Kelly公式，而且芒格本人非常重视Kelly公式，他曾经在个人书单中推荐专门介绍Kelly公式的《财富公式》一书。我们有理由相信，至少在早期，他们是多次使用Kelly公式的。

—————————— 第 2 章

建立投资体系

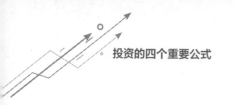

2.1 四大套利全解析

除了前面提到的四个公式，市场中还有一些更简单的赚钱机会。任何市场都不是完美的，常常存在错误的定价。这时候，我们就可以和市场先生"握握手"，把地上的钱捡走，这就是套利行为。市场中的套利行为发生在交易行为之中，而交易行为有四大要素：时间、空间、成交量、价格，所以**套利行为也可以分为四类：时间套利、空间套利、成交量套利、价格套利。**后面我们将对四种套利行为做详细的解析。随着时间的推移，市场日渐有效，这些套利机会将变得日渐稀少。但这类机会还是存在的，投资者学习并利用这些套利机会仍然是有必要的。

2.1.1 时间套利

时间套利也叫跨时间套利。如果我们知道某只股票在30天之后会以某一个明显高于市场价的价格被他人买入(通常发生在对上市公司的并购之中)，同时知道并购方信用良好、意愿强烈，并购成功的概率非常大，我们就可以立刻买入该公司的股票，最后卖给并购方，获得收益。我们也把跨时间套利称为并购套利。

巴菲特就是并购套利的专家。巴菲特早期做对冲基金时，曾用30%仓位的 资金专门做套利。按照巴菲特的说法，做套利的收益与市场的波动无关，非常稳定，抽出部分资金做套利有助于整体业绩的稳定。这里的套利就有大量的并购套利。

巴菲特曾经专门讲过并购套利的四个基本问题：

(1) 承诺的并购成功的可能性有多大？

(2) 并购成功离现在有多长时间？

(3) 是否可能发生有利的事件？例如有对手参与并购，使收购价格提高。

(4) 是否可能发生不利的事件？例如，若并购因反垄断法没有实施，股价会下跌多少？

相对于其他投资，套利行为较为简单，我们能够得出回报的概率分布，从而应用之前介绍的公式。

巴菲特曾在致股东信(即巴菲特投资公司的年报)中介绍了他参与阿卡塔公司并购套利的案例。

阿卡塔公司同意将公司卖给KKR公司时，其公司的业务包括林业产品和印刷。另外，数年之前，美国政府曾以9800万美元的价格强行从阿卡塔公司购买了一万多英亩的红杉树林来建设国家红杉公园。9800万美元以分期付款方式支付给阿卡塔公司，欠款按6%的利率支付利息。阿卡塔公司曾提出抗议，说政府出价过低，6%的单利也偏低。因此，阿卡塔公司向法院提出诉讼，要求政府予以补偿。综上，阿卡塔公司的实际价值为它的经营业务加上潜在的政府补偿支付。故KKR公司提出按每股37美元再加上政府可能补偿款项的2/3的出价收购阿卡塔公司。

巴菲特分析了KKR对阿卡塔公司的收购。他指出，KKR公司在收购方面有优秀的历史记录。KKR是世界知名的私募股权巨头，信用记录优秀。而且阿卡塔公司已经同意将公司卖给KKR公司，可以说公司管理层出售公司的意愿强烈。

因此，巴菲特开始以每股约33.5美元的价格收购阿卡塔公司股票。截至当年年底，巴菲特已持有40万股阿卡塔公司股票，大约占阿卡塔公司股份总数的5%。第二年年初，巴菲特又以每股约38美元的价格再次购入了25.5万股阿卡塔公司股票。此时，阿卡塔与KKR公司正式签订了收购协议。虽然巴菲特

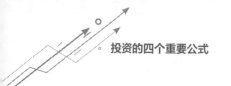

认为，由于有政府部门的参与，要做出政府补偿的合理估值是非常困难的，但巴菲特仍愿意支付比KKR提出的每股37美元更高的价格，表明他认为阿卡塔公司要求政府追加红杉树林补偿的诉讼是有价值的。这就是并购的第3个基本问题：是否可能发生有利的事件？巴菲特显然认为，有利的事件有可能发生。

几星期后，并购有了进展。意外情况发生了，KKR由于无法筹集全部收购资金，决定降低收购价格。而阿卡塔公司的董事会拒绝了KKR的新报价。但是，因为阿卡塔公司出售公司的意愿强烈，接受了另一家公司的并购要约。最终，巴菲特在阿卡塔公司2290万美元的投资获利170万美元，取得了年化15%的回报率。

几年后，巴菲特当初预计的有利事件终于发生了。在阿卡塔公司与政府打官司过程中，法庭指定了两个调查团：一个调查团给红杉树林估价，另一个调查团负责确定合适的利率。1987年1月第一个调查团宣布，红杉树林的价值不是9790万美元，而应该是2.76亿美元。接着，第二个调查团宣布，适当的利率应定为14%的复利，而不是6%的单利。法庭裁决政府应支付给阿卡塔公司6亿美元。虽然政府进行了上诉，但最终支付金额仍确定为5.19亿美元。巴菲特从中获利1930万美元，相当于每股阿卡塔公司股票增收了29.48美元。

以上就是一个完整的并购套利的过程，整个过程跌宕起伏，非常有启发性。

2.1.2　空间套利

空间套利也叫跨市场套利。简单来说，同一个标的在不同的市场的价格并不一样，我们可以从价格较低的市场买入标的，再将其拿到价格较高的市场去卖。

例如，如果上海期货交易所的同一期限、同一种铜的价格比伦敦期货交易所明显偏高，我们就可以在做多(买入)伦敦期货交易所的铜的同时，做空(借入标的证券先卖出，后面再买入还掉，如果证券下跌，会获得收益)上海期货交易所相同规格的铜，以获取相应的收益。这样的交易就叫做跨市场套利。

但是，跨市场套利也经常被误用。例如，国内一些上市公司既在内地的资本市场上市，也在香港市场上市，两个市场中同一只股票的价格长期相差较大，这不禁让人思考，是不是存在跨市场套利？但是，事实上，两地市场的制度、分红、税收、投资者结构都有所不同，而且没有相互转化的机制，所以同一标的在两地市场的价格差可能会长期保持。

2.1.3　成交量套利

成交量套利分为两种：成交量超过限制的套利和成交量不连续的套利。

1. 成交量超过限制的套利

在投资中，投资者借了钱去买股票，或者借券做空股票，成交量超过了投资者个人的能力，即为成交量超过限制的套利。

成交量套利相应地又分为两种：杀多和逼空。杀多就是大量投资者借钱买了一只股票，然后交易对手拼命地打压股价，导致他们保证金(投资者借钱、借券的抵押资金)不足，被迫卖出，从而使交易对手能够以低价买入并获得收益；逼空就是大量投资者借券做空了一只股票，然后交易对手拼命地拉抬股价，导致他们保证金不足，被迫平仓，从而使交易对手将所持股票高价卖给做空者并获得收益。

我们以港股里经典的中国恒大逼空案例为例解说逼空套利。香港证券交易市场是以海外资金为主的市场。在港股市场扮演重要角色的外资投行对中国恒大极高的负债率非常担忧，即便中国房地产行业的形势良好，中国恒大的房地产销售金额和销售面积都位列同行业第一位，外资投行还是一直看空中国恒大，因此，市面上做空中国恒大的资金非常多。

但在中国恒大赎回永续债以降低负债率和重回A股享受高估值的两重利好下，摩根士丹利成为外资投行的"叛徒"，发表了一份空翻多(由看空转为看多)的研究报告。同时，中国恒大的老板许家印引进了很多战略投资者。恒大股价开始暴涨，从低点上涨了一倍多，市盈率达到了40多倍，而港股房地产股的市盈率通常是个位数。因为做空方被逼空了，中国恒大才能获得这样

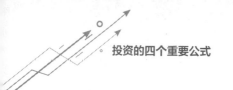

一个令人难以置信的估值。恒大公司大股东合计持股比例超过70%，在外流通的股票非常少。而恒大公司1个月就回购7亿股，超过总股本的5%，占流通股的比例超过20%。事实上，可以用来做空的股票越来越少了，最多只有流通股的20%，而这20%中，却有30%(即总数的6%)的流通股已被用于做空。因此，随着回购的进行，空方面临的压力越来越大。很多空方，2017年3月或之前的卖空成本低于6港元，随着中国恒大5月大涨，空方的浮亏超过30%，大量的空头开始平仓，进一步推动股价的上涨，形成了一次经典的逼空套利的案例。

大家可以看到，在杀多和逼空的时候，股价的走势与公司的基本面无关，而完全是一种博弈行为。因此，如果我们借钱买股票和借券做空股票，有的时候即便我们看对了公司的长期发展趋势，也可能损失所有本金。在介绍Kelly公式那一节，我们了解到一个基本准则，就是在任何时候都不要失去我们的所有本金。因此，如果没有100%的把握，我们不建议借钱做多和借券做空。在投资中，我们也要坚守"致人而不致于人"，将主动权牢牢把握在自己手里。

有的读者可能有这样的疑问：巴菲特明明有大概40%的杠杆率(大概1元本金中有0.4元是借的)，你却在这里说不要借钱，这不是减少我的收益吗？如果借钱投资很危险，那么巴菲特又为什么要这样做？因此，我有必要在这里解释一下两者的不同。巴菲特是用保险公司的浮存金去上杠杆的，而保险资金不存在短期的兑付压力。因此，即便短期被杀多或者逼空，巴菲特并不担忧。只要长期市场恢复，就不存在任何问题。而如果我们的保证金不够，证券公司就会替我们进行买卖，即便长期市场恢复，也与我们毫无关系。

因为普通投资者旗下没有保险公司，没有机会加这种性质比较良好的杠杆。在美国，一些有成就的对冲基金经理也会学习巴菲特成立一家再保险[①]公司并上市募集资金。

----

① 再保险，保险人将其所承保的部分保险责任向其他保险人进行保险的行为。

2. 成交量不连续的套利

在投资中，我们买入股票所获得的权利并不是一直和股票数量严格成正比的，一旦能够买入超过一定比例的股份(通常是总股份的5%)，我们就可以进入公司的董事会，参与公司的生产经营，乃至清算公司的资产。我们之前讲过这种套利的主要工作可能是清算公司的各项资产，通常包括已经升值的土地、持有的上市公司的股票等。只要最终的清算价格大于买入价格，我们就能够获得套利的收益。这种方法就是成交量不连续的套利。巴菲特、施洛斯等投资大家在投资早期就曾使用这种方法进行投资。现在也有一批知名主动投资者(如卡尔·伊坎)应用这种方法。

成交量不连续的套利是套利方法中看起来简单，但实现难度较高的方法。虽然仅仅需要加减各项资产的价格，但对于普通投资者来说，因为没有公司的控制权，要想卖出公司或者公司的一部分资产是一件很困难的事情，尤其是在国内市场。因为国内的上市公司一般由第一代创始人或者国家控制，这类股权结构让外部投资者极难获得控制权。需要注意的是，随着第一代创始人的退出，市场中这样的套利机会将越来越多。相信国内将有以此为生的杰出投资者。总体而言，这种操作的难度较高，并不适合普通投资者，但普通投资者可以分散地买入具有套利空间的公司，以期待其他更有实力的投资者买入并清算，同样可以获得良好回报。

2.1.4　价格套利

和成交量套利类似，价格套利也可分为两种：价格超过限制的套利和价格不连续的套利。

1. 价格超过限制的套利

为了保护一些初级投资者，资本市场设置了涨跌停板的限制，而一只股票如果当天自然涨停，那么说明当天的上涨还没有结束，第二天很有可能会

自然高开。因此，在当天刚刚涨停的时候买入该只股票，如果当天涨停板不打开，第二天该只股票会大概率高开。在A股市场有一些投资者就是利用这一点来赚钱的，这些投资者通常被称为"涨停敢死队"，如早期的徐翔、章建平等人。但是，正因为在股票刚刚涨停的时候会有大量资金流入，一些资本会操纵股价，让股价封停在涨停板上，然后以涨停板的价格卖出股票。所以，如何分辨是不是真的自然涨停，成了一件非常有技巧的事儿。

徐翔是"涨停敢死队"的代表人物，但是他从未亲自讲述涨停板套利的相关技巧。他的助理曾经对外做过一些介绍，下面我们摘录一段对徐翔助理的访谈(来自自媒体弥达斯)，并做出总结，希望对读者有所启发。

徐翔的助手之一，以下称他为X-man。

弥达斯：我一直有一个问题，以徐翔控制的资金量，是否可以自己造板①而无须打板②？这样就可以摆脱打板战法的一些局限性了。

X-man：还是以打板为主。徐翔一直注重顺势操作，这么大的市场，钱再多，也不能指望独自造出势来。

弥达斯：你的意思是说，即便徐翔这么厉害，还是要选阻力最小的方法。

X-man：当然了，市场永远向阻力最小的方向运行，只有顺着做才能赚钱，恐怕很少有人敢逆着做——涨得好的股票，都是大家认可的股票，所以向上突破的阻力才会小。这时如果逆着做，就是与全市场的共识为敌，应该没有人有这种能力。

弥达斯：据你们测算，打板的胜率有多少才能基本保证赚钱？

X-man：要达到六成胜率，因为如果烂板(在涨停板买进股票后，股价下行)或者没肉吃的话(有肉吃，是指在涨停板买进股票后，第二天高开出货并获得收益的过程；相反，为"没肉吃")，这一只股票的损失需要用两只赚钱的股票来补，所以大体上要有六成胜率。

---

① 造板：用自有资金将股价拉到涨停板上。
② 打板：跟随市场资金在涨停板买入。

弥达斯：第二天你们只要有"肉"吃就走吗？会不会等继续涨停？

X-man：除非开盘涨停，否则有肉吃就走，这是纪律。

【弥达斯注】从这段对话看，徐翔在应用打板战法时纪律性较强，他克制贪婪的能力一定强于常人。同时，六成胜率的要求也相对苛刻，但或许正因这种苛刻，才保证其在熊市中也能赚钱。

弥达斯：打板重点是抢一号龙头股吗？

X-man：是的，热点概念的龙头股，关于这方面没什么多说的，大家做法都一样，因为这类股上涨的阻力非常小，应顺势操作。

弥达斯：那徐翔做不做半路板(即在股票未涨停时介入，等待涨停)？

X-man：不做，应该也试过，但是事实证明这种做法成功概率小。

弥达斯：很多人认为半路板战法是比打板战法高级的。

X-man：可能吧——但是它太难了，胜率低，没有必要做，确定性和可持续性是很重要的。

从上面的访谈中，我们能够了解"涨停板敢死队"的基本做法。首先，他们通常选择打板战法，而非造板战法。即便在资金体量已经非常大的情况下，他们仍然顺势操作，没有试图操纵市场。因为只有市场自然涨停，才有套利的价值。造板或者半路板不具备涨停套利的理论基础。选股时，注重选**择大家认可的股票**，也就是选择"羊群效应"明显的股票。其次，他们遵守纪律，如果赚的是自然涨停套利的钱，那当然应该第二天就卖，即使不涨停也要卖。徐翔在应用打板战法时要求有六成胜率，这就给出了涨停板套利的一个具体的量化指标。

2. 价格不连续的套利

有的时候，市场成交量稀少，卖一(市场给出的最低卖出价)和买一(市场给出的最高买入价)相差还是挺大的。此时，我们在卖一挂出比现价更低的价格，在买一挂出比现价更高的价格。除了可以提供流动性，还能够通过微小的差价赚一点钱。这些差价虽然微小，但盈利能力相对可靠，可以积少成

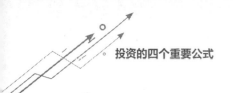

多。市场上因此也有了做这类业务的公司，我们称之为高频交易公司。高频交易的差价非常微小，扣除交易费用后很有可能不赚钱。但因为高频交易公司为市场提供了宝贵的流动性，起到了做市商的作用，大量证券公司会给他们返还交易佣金，高频交易公司的利润通常来自返还的交易佣金。

因为美国股市可以当日多次交易，美国的高频交易相当发达。在美股市场中，高频交易公司贡献的成交量甚至可以占到总成交量的70%。高频交易公司Virtu Financial向美国证券交易委员会(SEC)提交的IPO(首次公开招股)上市申请文件中称，在过去的总共1238个交易日里只有1天出现亏损，高频交易盈利的稳定性可见一斑。高频交易算法在各种交易方式里相对较为简单，比拼的是硬件设施和软件优化。最终高频交易公司会成长为一家科技公司。计算机专业出身、精通软硬件的投资者可以尝试走这条"道路"。

2.2　牛鞭效应帮你选房选股

牛鞭效应是除了Bass公式之外的一个与行业空间有很大关系的商业现象。但是，和关注长期总量的Bass公式不同，牛鞭效应更加关注短期的波动。

假设一个行业有一条很长的供应链，需求的变化会从最下游的消费者向上游逐渐传导。在行业价格上涨的时候，整个产业链都开始囤积库存。因为如果不囤积库存，价格就会越来越高，造成成本的压力。最下游消费者多囤积20%的产品，他的上游除了要给下游多供应20%的产品，还要多囤积20%的产品，以备产品继续涨价。反映在更上游，就是40%的需求量的增长。在行业产品价格下跌的时候，整个产业链都开始去库存。在更上游，需求大概率减少得更多。而事实上，需求的变化在产业链的传导中被放大了，使得最上游的需求量出现了很大的波动。**因此，在一个产业链中，最上游的企业对需求的变化往往最为敏感**。这种需求在产业链中逐级变大的商业现象表现在图形上很像一条高高甩起的牛鞭，越向上，扬得越高。所以，这种现象被大家形象地称为牛鞭效应。

2.2.1 利用牛鞭效应把握房地产大机会

在经济发展的黄金时期，例如我国改革开放之后，尤其是20世纪90年代之后，国内经济各个行业的需求都出现了非常快速的增长。这当然是赚钱的黄金机会。那么，什么是黄金机会中的黄金机会呢？我们自然就想到了牛鞭效应。牛鞭效应告诉我们：需求的变化在产业链的传导中被放大了，使得最上游的需求量在行业发展时，会有很大的增长。什么行业是整个经济的最上游呢？当然是土地及与其相关的房地产行业。(当然也有矿业，不过矿业是全球范围内定价的行业，对经济发展不像土地价格那么敏感。但是早期工业化国家英国和美国经济发展黄金时期的情况就不一样。不妨思考一下，为什么美国黄金时代的超级富豪大多来自石油、钢铁行业？)各行各业都需要房地产行业的产品——房子，有房子才能办公、生产和居住。即便是互联网行业的大公司也需要租写字楼来给员工办公。因此，土地的价格对经济的发展是异常敏感的。在我国改革开放之后几十年的发展过程中，土地单价(尤其是城市的土地)的上涨幅度的确超过了人均收入的增长幅度。如果有幸生在这样一个激动人心的大时代，**作为一个普通人，获取社会发展红利的最好方法是什么呢？当然是参与房地产行业或者贷款(加杠杆)在核心城市购买属于自己的住房。**

那么，为什么买房子时可以加杠杆呢？因为房贷并没有短期平仓压力。只要我们按时还房贷，即便房子已经变成了负价值，银行也不会前来收房子。长期来看，只要房价还能涨回去，并不用太担心短期的房价下跌。那么为什么我们建议在核心城市购买房产呢？第3.4节将做出详尽分析。

2.2.2 利用牛鞭效应把握股市主题投资大机会

通常来说，如果一个行业发展得非常快，那么反映在股市上，相关上市公司的股价也会有明显的上升。但是挑选到成长性最好的公司不是一件很容

易的事情，此时可利用牛鞭效应来选股。比如新能源汽车销量从2015年开始就飞速增长。由于政府种种的鼓励政策和行业技术的进步，当时可以预见在未来几年，新能源汽车销量会以一个很快的速度增长。那么我们应该选择什么样的股票才能实现最大的收益呢？**按照牛鞭效应，需求的变化在最上游体现得最为明显，最上游企业对应的股票应该上涨最多**。因此，新能源汽车的销量增加，最受益的应该是新能源汽车产业链中最上游的企业。果然，新能源汽车产业链中最上游的锂矿和钴矿的价格飞涨，锂矿和钴矿的龙头上市公司天齐锂业和华友钴业成为整个新能源汽车板块表现最好的股票。

2.3　输钱之道——赌博心态

在第1.5节，我们学习了各种赚钱的方法。但是，这依然不足以让大家都可以通过投资赚钱。因为人的本性有根深蒂固的缺点，容易把投资变成一场赌博。所以，在总结前几节的内容，给出我们的赚钱之道之前，我先给大家介绍输钱之道——赌博心态。

当然，论输钱，股市还远远比不上赌场。在第1.5节中，我们了解到因为大部分赌博游戏的回报的数学期望是负数，所以我们不应该投入任何资金进行赌博。如果有人坚持去赌博，长期而言，这些赌博游戏一定会掏光他的钱包。可是，澳门赌场从来都是门庭若市。赌客往老虎机里塞硬币，或者扔骰子赌大小，仿佛自己在赚大钱，从来感觉不到自己在做傻事。

那么，为什么对于赌客来说，赌博这么好玩儿？这么让人上瘾？

《神经心理药物学》上的一篇学术论文给出了答案。该论文指出，**在赌客的心目中，"几乎赢=赢"**。

在这篇有关"几乎赢=赢"的论文里，研究者设置了一套精彩的赌博游戏。研究者在老鼠笼子上方挂了三只灯泡。如果三只灯泡同时亮，老鼠就赢了，作为奖励，老鼠通过按按钮可以吃到可口的食物。然而，如果老鼠还没赢的时候就按按钮，灯亮起的时间会推迟，老鼠将更难吃到可口的食物。

研究结果非常有意思。在三只灯泡同时亮时，老鼠肯定倾向于按按钮，然而在两只灯泡亮时("几乎赢")，老鼠也倾向于按按钮。

这个结果说明"几乎赢"会欺骗大脑，让大脑相信我们已经赢了，哪怕实际上输了。从大脑的多巴胺回路(快乐回路)来看，"几乎赢"和真正赢并没有差别，两种情况都能同样地激活快乐回路。对赌场来说，"几乎赢"是最佳的情况，尽管赌客们输钱给赌场，但他们自我感觉良好，跟赢钱一样。赌场让赌客们沉浸在"几乎赢"的快乐之中，然后掏光他们的钱包。

2.3.1 为什么有人认为"几乎赢=赢"

在人类进化过程中，"几乎赢=赢"大有用处，能帮我们在学习过程中保持积极性。以学习射箭为例，最初射箭时，一般偏差靶心很远。随着射箭技巧越来越娴熟，射出去的箭会越来越接近靶心。"几乎射中靶心"让我们心潮澎湃，我们会因此更加努力地练习射箭。如果只因为"射中靶心"这种概率很小的事件而兴奋，学习射箭就不会那么令人期待了。

赌场就利用了大脑的这种功能。赌博游戏是完全随机的，玩老虎机根本没有什么技巧，扔骰子也没有什么天才。老虎机咔嚓作响，多巴胺回路就像大脑中的拉拉队员一样，鼓励我们继续玩下去。有一些研究表明，赌博上瘾者在"几乎赢"的情况下，多巴胺回路的反应会更加强烈。陀思妥耶夫斯基(本身是个赌徒)、鲁迅和余华等作家曾经在文学作品中栩栩如生地描绘这些赌徒的心态。赌徒总是输，正在痛苦反思的时候，突然发现自己好像掌握了某种赌博的诀窍，于是立刻满怀着翻本的信心，走向赌桌，不断下注，结局只能是输得倾家荡产。

2.3.2 克服赌博心态

大部分投资者都会在股价上涨的时候，情绪高昂，自视甚高；在股价下跌的时候，情绪低落，沮丧不已。在这些喜怒哀乐的刺激下，股票市场中的

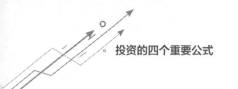

大批投资者和赌场中赌徒一样，难免走向和赌徒同样的亏损结局。

投资家巴菲特曾说："如果我不是以伯克希尔·哈撒韦公司为投资平台，而是以GEICO之类的保险公司为投资平台，我的身家应该是2000亿美金。"这说明即便是最强的投资者，也存在"几乎赢=赢"的心理。那为什么巴菲特能够获得优异的回报？这是因为巴菲特在其投资生涯早期就幸运地遇到了好老师，教授他正确的"投资公式"，类似第1章第3节到第5节的内容。并且，这位老师教会巴菲特如何正确地看待市场的波动。所以，投资中最重要的是先建立正确的"公式"。正确的"公式"，会让我们获得优秀的回报，甚至有机会跻身富豪行列。而幻想出来的"公式"，则让我们亏损，甚至陷于贫困。由此可见，第1章中的"公式"对投资者有多么重要！对于赚钱的道理，了解得越多越好；对于输钱的原因——赌博心态，理解得越深越好。

而且，真正的投资还有一点和赌博不同。由于我们忽略了大部分波动，投资的结果不可能那么快出现，需要我们付出更多耐心。投资是一场真正的持久战，可能会贯穿我们的一生。

在投资实战之中，我们发现，股市波动带来情绪的不断变化，变动不居的情绪又导致我们出现赌博心态。想要克服这种情绪并不像说起来那么容易。只有少部分专业投资者通过类似于运动员的训练后，才可以克服赌博心态，很少有业余投资者能够克服赌博心态。**大部分人在市场中容易陷入赌博心态，所以不少专业投资者和大部分业余投资者其实都不适合投资**(投资行业中的不合格从业者远比其他行业更多)。**个人投资者应该把钱交给少数合格的专业投资者进行投资。**

2.4 赚钱之道——量化增强指数基金

2.4.1 温水煮青蛙——固定收益投资

投资标的可以简单地分为固定收益投资和股权类投资。固定收益投资中的买债券、买银行理财产品，是较常见的投资方式。固定收益投资当然明显优于赌博，但是由于人们固有的对复利效应的低估，一般而言股权类投资的长期回报总是优于固定收益投资。同时，通胀会抵消大半甚至全部固定收益投资的回报。总体来说，固定收益投资是一种温水煮青蛙式的投资方式，无法有效地获得优秀的长期回报。

2.4.2　最佳投资策略是什么

固定收益投资是一种温水煮青蛙的投资方式，无法有效地获得优秀的长期回报，这很容易理解。那么，我们可以选择的最合适的投资方法就是股权类投资。换句话说，我们应该长期投资于公司的股票或者股权。本书第1章主要讲解了投资中最重要的四个公式。每一个公式都像一件称手的兵器，有明显的实用价值。组合使用这四个公式，我们可以得到一个完整的投资策略，这个投资策略"威力无穷"。

首先，我们可以用LPPL公式分析市场上的热点板块，确定"泡沫"的延续时间或者拐点。其次，利用"护城河"的BA公式来确定行业中的公司的竞争格局。再次，通过Bass公式来判断行业的未来空间，结合BA模型和Bass模型，知道一个公司未来能够赚多少钱。利用前面三个公式，可以了解我们能够从投资标的的交易和公司红利两个方面赚到的钱。最后，得到每个投资标的的回报的概率分布后，我们可以用Kelly公式确定最后投资每个投资标的的仓位，形成一个完整的投资策略。这就是目前的最佳投资策略。

显而易见，在上述投资过程中，我们需要利用统计学和计算机技术来分析投资标的回报的概率分布，形成投资策略，这在投资行业被称为量化投资。量化投资由于能够精确地应用投资中的重要公式，堪称投资行业的"核武器"。与量化投资相比，其他定性的投资方法黯然失色。量化投资能够回避主观投资容易受情绪影响的弊端，从源头上防止赌博心态的出现，解决了投资中的大难题。但是，量化投资也存在明显的缺点，其中最大的缺点是形成的策略容易过拟合。而本章中的所有内容，甚至可以说本书前两章的所有

内容，都是为了防止投资策略过拟合，保证形成一个行之有效的投资策略。

2.4.3　为什么对大部分投资者来说集中持股并不合适

在投资界，集中持股策略因为巴菲特等价值投资者的提倡而成为一种主流的意见。但是事实上，按照前述公式，对于大多数投资者而言，集中投资并不是一种良好的投资策略，理由有如下三个。

首先，用LPPL公式分析市场上的热点板块，确定"泡沫"的拐点，自然要求分散资本。前面章节中提到，分析市场的最佳方法是用LPPL公式分析市场上的热点板块。热点板块是由好多公司组成的，所以最好的投资策略就是买卖相应板块的指数基金。而板块指数天然就会分散，不可能太集中。

其次，利用"护城河"的BA模型来确定行业中公司的竞争壁垒和格局，自然要求分散资本。不同的行业存在不同的特性，所以难以将不同的行业数据放在一起直接比较。在同一行业中，有"护城河"的公司数量稀少(一般有一家或者两家，很难超过5家，第3章会详细解释)，同类公司的比较无法产生统计意义，因此不可能从统计学上，以很高的概率确定某个具体公司是否低估，也不可能非常集中地持有某个公司股票。

最后，每个公司的寿命是有限的，某个具体的公司随时都存在破产的风险，集中持有某个标的有大比例永久损失本金的风险。大多数投资者都无法控制公司，因此无法约束管理层的行为。管理层有一定概率会以权谋私，即便公司具有明显的"护城河"，投资者也不一定能够获得合理的回报。

所以，对于大多数投资者来说，集中投资并不是一种良好的投资策略。

那么，有读者会问，为什么还有少数投资者适合集中投资呢？适合集中投资的投资者应该就是这个公司的管理层人员。如果管理层人员集中投资，那么他们的主要资产会是公司的股份，这种情况下管理层人员以权谋私的概率会大大降低，干劲儿也会大大提高。但是，这与我们这些普通投资者无关，我们最好的投资策略还是分散投资。

2.4.4　最佳投资策略：量化增强指数投资

由上文可知，集中投资并不是一种良好的投资策略，最好的方法是按照本章的公式，进行量化的、分散化的投资。这种策略下的投资基金被称为量化增强指数基金。

为什么量化增强指数基金能够避免个股的风险呢？量化增强指数基金本质上是一种指数基金。每个公司的寿命是有限的，就好像生态系统中的某个具体的动物一样，但量化增强指数就好像一个生态系统，其寿命是无限的。某个具体动物死了，对这个"生态系统"不会有太大的影响，即便一个物种灭绝了，其他物种也会进化，最终填补缺失的生态位置。具体来说，增强型指数基金因为仓位并不集中，能够有效地规避大比例永久损失本金。

那么，为什么我们不直接买入指数基金呢？首先，增强指数基金的收益大多高于纯指数基金。市场上大多数增强指数基金能够明显跑赢指数。其中的佼佼者甚至可以和最好的主观选股基金相比，同时投资原理更为坚实，收益回撤还较小。如果我们挑选主观选股基金，很有可能落入幸存者偏见的陷阱。很多研究表明，前期排名靠前的主观基金有很大概率在后来跑输市场。

笔者的日常工作就是利用这四个基本的投资公式分析A股市场，在此基础上进行编程，形成量化增强指数策略。截至目前，量化增强指数策略的效果非常理想，已经正常运行多年，年化收益率约25%。我们的目标就是在现有量化增强指数策略基础上精益求精，不断优化，做出一个长期有效、能够为投资人稳定赚取超额收益的优秀基金。

2.4.5　量化增强指数投资简史

虽然量化增强指数是很新的概念，但类似的思想早已存在。如果我们仔细地检视各类有长期的优秀投资记录的投资家，就会发现很多量化增强指数投资的影子。梳理相关的历史，我们也能从侧面验证该策略的合理性。

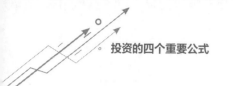

1. 量化增强指数投资与价值投资

巴菲特讲过一句话："格雷厄姆(巴菲特老师，通常被认为是主观价值投资的鼻祖)是量化投资的师祖。"这句话可能会让很多原教旨的价值投资者困惑，但是说出了一个真实的情况。在20世纪30年代的大萧条过后，身为哥伦比亚大学经济学教授的格雷厄姆和他的同事多德共同撰写了《证券分析》。书中认为投资中应当先使用方方面面的数据对公司的价值进行估计，然后和公司现在的市值对比，如果公司的市值大幅低于公司的价值，投资者应该积极买入。格雷厄姆和多德不仅才华斐然，还乐于传授学问。他们的弟子中出色的投资者比比皆是，其中最出色的就是巴菲特。格雷厄姆和多德更加倾向于使用清算价值来估计公司价值。巴菲特早期遵照老师的观点进行投资，后期他在合伙人芒格的影响下，逐渐倾向于寻找"护城河"优秀的公司，并长期持有。其实，以上的方法都可以融合在量化增强指数投资策略之中。

随着选股过程中对精确性的要求(也就是量化的需求)越来越高，格雷厄姆晚年已经放弃精选个股，主要依赖一些价值类指标来筛选股票，进行分散投资，也取得了不错的超额收益。

格雷厄姆晚年曾经给出一些很有意思的选股公式：

EPS上涨1/3，PB小于1.5，PE小于15，十年不亏损。

市值/有形净资产小于1.2，流动比率大于1.5，5年不亏损。

PE小于10，资产负债率小于50%。

市值小于(流动资产-总负债)的2/3。

巴菲特早年大量使用格雷厄姆的这些选股公式。巴菲特的投资平台伯克希尔·哈撒韦公司就是用"市值小于(流动资产-总负债)的2/3"这个公式筛选出来的。

有意思的是，巴菲特早年偏爱分散投资，晚年偏爱精选个股；而格雷厄姆早年偏爱精选个股，晚年偏爱分散投资。

另外一位价值投资大师乔尔·格林布拉特也有类似的做法，乔尔·格林布拉特的神奇公式投资也是基于两个价值指标的量化增强指数投资。因为这个方法原理清楚，我们平时可以使用这个公式来做个股的初步筛选。2018年10月，雪球财经推出了神奇公式的指数基金，我感到欣慰的同时，也哀叹市场中的投资机会越来越少。

2. 量化增强指数投资与技术分析

基于技术分析的投资是更加明显的量化投资。

江户时代的日本有人利用价格图(蜡烛图)来分析大米的价格，传说蜡烛图的发明者本间宗久利用技术分析方法在大米市场获取暴利，成为富豪。第二次世界大战日本战败后至土地改革之前的土地统计显示，本间家族是日本最大的地主。但是，本间宗久所用的具体方法已无从考证。

在西方，19世纪末，查尔斯·道(美国第一大财经类报纸《华尔街日报》的创始人)等人首先开始分析量价图，并把对量价图的研究发布在了《华尔街日报》上。同时，他们还编制了第一个股票指数，即道琼斯指数。虽然道琼斯指数质量并不高，以现代的眼光看，甚至可以说编制方法并不合理，但道琼斯指数是世界上历史最为悠久的股票指数，为我们画出大盘的量价图开辟了道路。后来，人们大量使用量价图分析股市，逐渐形成了朴素的趋势理念。

美国利弗莫尔在趋势理论基础上发明了"突破买入法"，给出了技术分析中第一个明确的量化投资方法。利弗莫尔曾经通过此类方法在市场中获得巨额收益，但是利弗莫尔也屡次破产，破产的主要原因是他没有合适的投资仓位理论(比如Kelly公式)，经常上杠杆投资。而一批以日内交易为主的短期交易者，采用类似技术分析方法进行投资，经过市场验证，能够稳定盈利，其中杰出者有科恩、索罗斯等人。

技术分析演化出很多精细的分支，许多分析者试图将趋势的定义进一步精确化。其中，有代表性的是艾略特给出的趋势的定式，即五浪结构。但这些研究都没有给出能应用的公式，对趋势的定义也较为模糊，大家对定式的

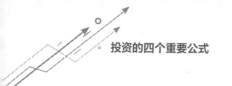

理解不一，造成了"千人千浪"的局面，还会增加投资者的赌博心态，使其误入歧途。

前面介绍的LPPL公式既包含早期的技术分析方法，也能较为精确地给出拟合的图像。根据笔者的观察，目前的公开研究尚未穷尽LPPL公式的威力，相关研究还未完全成熟，未来仍有发展空间。

3. 量化增强指数投资与组合理论

此前，我们已经给出了正确的组合理论(投资仓位理论)——Kelly公式，并且介绍了Kelly公式的发展历程。在此，不再赘述。下面介绍一下当下主流的组合理论——现代投资组合理论。梳理投资大师的投资理念，会发现一个有趣的现象：现代投资组合理论并不受各位投资大师的欢迎。巴菲特、索罗斯等人更是直言不讳地指出其错误。但现代投资组合理论在现实中，尤其是在量化投资领域影响力颇大，带着很多量化基金机构一起走错了路。所以，我们有必要一边梳理其发展过程，一边指出这一流俗之见的可疑之处。

美国的哈里·马科维茨在1952年提出现代投资组合理论的均值-方差分析方法，为现代主流的投资组合优化方法奠定了数学基础。哈里·马科维茨也因此荣获诺贝尔经济学奖。该方法的数学推理非常完善，但仍需仔细推敲。均值-方差分析方法指出：投资者偏向均值高、方差小的投资组合，并将方差称为风险。投资者偏向均值高的投资组合，也就是说投资者倾向投资预期收益率较高的标的，这显然是正确的。但是，投资者偏向方差小的投资组合的观点很值得怀疑。首先，方差大说明波动较大，但是波动包括向上波动和向下波动，其中向上波动是大家乐于见到的，肯定不算风险。而且从理性的角度来说，我们在长期投资中应该忽略短期的波动，而更在意最终的结果。其次，如果投资标的的收益的概率分布不是正态分布，其方差的统计意义也值得推敲。我们从之前的讨论中得知，在我们真正能够赚钱的市场机会中，投资标的的收益的概率分布都偏离正态分布很远。这些情况下，方差很有可能是快速变动的，没有什么预测价值。

而以现代投资组合理论为基础，投资行业衍生出法玛三因子模型、多因子模型等策略，并且得到alpha、beta等评价策略业绩的指标。这些策略的合理性同样值得怀疑。目前投资界主流的量化投资策略还处于似是而非的阶段，这些方法非但没有抓住市场机会的能力，反而造成买卖操作趋同，带来交易的拥挤效应。事实上，一些颇负盛名的量化基金的长期业绩的确并不好。根据我们前面的分析，更好的量化增强指数策略的组合优化方法需要用Kelly公式来重构。

—————————— 第 3 章

哪些行业有"护城河"

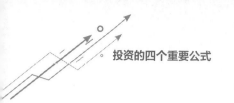
本章先从第一章中的BA公式和Bass公式出发，以BA公式为主，简单地分析各行各业的"护城河"，给出每个行业的基本特性；然后，给出投资这些行业的具体投资策略，其中很多是经典的价值投资策略中的内容；最后，梳理和总结网络效应、品牌和土地这三种"护城河"的特性，阐述更一般的规律。本章目标是使读者能对投资中行业研究的各个方面有初步的理解。

3.1　行业巡礼

经济学鼻祖亚当·斯密在《国富论》中提到，分工是经济发展、效率提升的原动力。随着技术的发展、市场的扩大，现代社会中产生了越来越多的行业。各行各业各有千秋，每个行业里的公司也千差万别，所以如何正确地分析各行业及公司成为我们投资中的大难题。

从大的方面来看，行业首先可以分为两大类：给行业做生产服务的行业(2B，to business)；给终端消费者做生产服务的行业(2C，to consumer)。一个行业中的公司是否有定价权，关键在于相较于上下游，本行业的"护城河"是否明显。行业集中度(比如市场占有率)相较于上下游如果是很高的，行业中的公司才有定价权。而**给终端消费者做生产的2C行业与给行业做生产的行业对比，给终端消费者做生产的2C行业的下游更加分散，更加容易产生品牌效应，所以更加容易产生好公司**。在此，有必要给大家打一个预防针，在所有行业中，能够长期赚取超额利润的行业其实是非常少的。大部分行业从长期来看都是竞争非常激烈的，行业中的公司获取的利润微薄。

在分析各行各业之前，我们先介绍一下国内主流的行业分类方法。目前，国内广泛使用的行业分类是申万宏源证券有限公司给出的申万行业分类(见表3-1)。

表 3-1　申万行业分类

一级	二级
采掘	石油开采
	煤炭开采
	其他采掘
	采掘服务
化工	石油化工
	化学原料
	化学制品
	化学纤维
	塑料
	橡胶
钢铁	钢铁
有色金属	工业金属
	黄金
	稀有金属
	金属非金属新材料
建筑材料	水泥制造
	玻璃制造
	其他建材
建筑装饰	房屋建设
	装修装饰
	基础建设
	专业工程
	园林工程
电气设备	电机
	电气自动化设备
	电源设备
	高低压设备

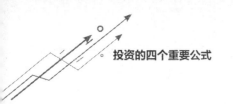

（续表）

一级	二级
机械设备	通用机械
	专用设备
	仪器仪表
	金属制品
	运输设备
国防军工	航天装备
	航空装备
	地面兵装
	船舶制造
汽车	汽车整车
	汽车零部件
	汽车服务
	其他交运设备
家用电器	白色家电
	视听器材
轻工制造	造纸
	包装印刷
	家用轻工
	其他轻工制造
农林牧渔	种植业
	渔业
	林业
	饲料
	农产品加工
	农业综合
	畜禽养殖
	动物保健
食品饮料	饮料制造
	食品加工
纺织服装	纺织制造
	服装家纺

（续表）

一级	二级
医药	化学制药
	中药
	生物制品
	医药商业
	医疗器械
	医疗服务
商业贸易	一般零售
	专业零售
	商业物业经营
	贸易
休闲服务	景点
	酒店
	旅游综合
	餐饮
	其他休闲服务
电子	半导体
	元件
	光学光电子
	电子制造
	其他电子
计算机	计算机设备
	计算机应用
传媒	文化传媒
	营销传播
	互联网传媒
通信	通信运营
	通信设备
公用事业	电力
	水务
	燃气
	环保工程及服务

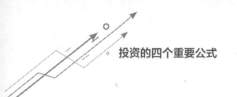

（续表）

一级	二级
交通运输	港口
	高速公路
	公交
	航空运输
	机场
	航运
	铁路运输
	物流
房地产	房地产开发
	园区开发
银行	银行
非银金融	证券
	保险
	多元金融
综合	综合

如表3-1所示，在申万一级行业中，2B行业包括采掘、化工、钢铁、有色金属、建筑材料、建筑装饰、电气设备、机械设备、国防军工。2C行业包括汽车、家用电器、轻工制造、农林牧渔、食品饮料、纺织服装、医药、商业贸易、休闲服务、电子、计算机、传媒、通信、公用事业、交通运输、房地产、银行、非银金融。这仅仅是一个宽泛的分类，并不精准。有些行业既有2B的子行业，也有2C的子行业。例如纺织服装行业中，纺织行业以2B为主，服装行业以2C为主。

为了方便展开分析，我们把申万一级分类按照特性进行再次归类，分为九类，分别是大宗商品行业，电气、机械设备行业，国防军工行业，交通运输行业，大消费行业，IT行业，金融行业，大房地产行业，医药行业。因采掘、化工、钢铁、有色金属行业的产品是相对标准化的，一般产品价格在大宗商品交易市场中决定，所以统称为大宗商品行业；汽车、食品饮料、家用电器、农林牧渔、纺织服装、商业贸易、休闲服务以个人消费为主，可以归类为大消费行业；电子、计算机、通信、传媒可以归类为IT (information technology，信息技术)行业；银行、非银金融(保险、证券)都可以归类为金融行业；房地产、建筑装饰、建筑材料、轻工制造可以归类为大房地产行业。

下面，我们分别对这九类行业展开分析，先用一句话来总结每个行业是否有"护城河"，所具备的"护城河"是哪种护城河；然后结合经典的材料展开解释；最后给出投资每个行业的具体策略。

3.1.1　大宗商品行业

一句话总结：大宗商品行业是典型的低成本竞争行业，低成本优势来自资源的禀赋(资源质地好不好，好不好开采)。行业产品无差异化，竞争激烈，长期来看难以获得超额投资回报。

大宗商品行业包括采掘、化工、钢铁、有色金属行业。其中采掘行业主要是石油、煤炭产业链。因为石油、煤炭和钢铁行业的主要产品都是黑色的，所以这类产业链上的品种又被统称为黑色系。这些行业的产品都是标准化的。一般产品价格由期货市场决定，例如国际石油价格主要由纽约商业交易所的轻质低硫原油即西德克萨斯中质原油(WTI)期货合约和伦敦国际石油交易所的北海布伦特原油(BRENT)期货合约决定。因为产品价格由交易所中的众多交易者决定，大宗商品行业中的公司其实定价能力并不强，在行业不景气的时候，甚至有时候会陷入全行业亏损，所以，**这些行业的公司是否能够长期盈利，主要看公司的成本控制能力，而成本控制能力来自其资源的禀赋和生产管理能力，其中资源的禀赋最为重要。**

以煤炭行业为例，煤炭行业本身是典型的周期行业，各家煤炭公司在煤炭的周期低点各有不同，禀赋较差的煤炭公司亏损严重，大批公司破产。但是，中国神华从来都是盈利的，即使在煤炭行业低点、全行业亏损的2015年，也获得了161亿元的净利润。

在大宗商品行业中，大部分公司都生存艰难，经常亏损，而资源质地好、好开采的公司却能够获得很好的回报。中国神华在整个煤炭行业的周期中能保持很高的利润有两个原因。一是资源禀赋好。神华神东矿区煤层浅，

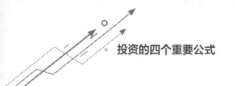
煤炭质量好，储量巨大，吨煤开采成本是108元，远低于行业水平。二是生产管理能力卓越。中国神华的生产已经实现全部机械化，而且打通了上下游产业链，电力、铁路、港口、航运、煤制油与煤化工融为一体，实现产运销一条龙经营。因此，即使在煤炭行业最低谷的时期，中国神华的年利润也在150亿元以上，如图3-1所示。

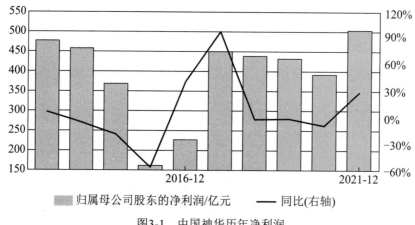

图3-1　中国神华历年净利润

除了行业相关的上市公司之外，大宗商品投资还有一个更大的战场——期货市场。因为产品缺少差异化，大宗商品只能通过价格来竞争，在充分竞争的情况下，价格等同于成本，行业整体的利润接近于0。那么，在期货市场中，投资者只有通过短期的供求变化造成的价格变化来获利了。

对此，国内知名的期货投资者傅海棠进行了充分的阐述。傅海棠认为："(期货)交易的核心，就是分析和预测价格，主要就是研究供求，所有的逻辑和关联，都是围绕供求去讲的。其实供求是在成本基础上谈供求，他们(投资者)大部分也都知道这个观点，就是供求决定价格，经济学上也这样讲。不过，这个还得结合成本，它俩孰轻孰重说不清楚，没有成本单纯谈供求，好像往前看，但可能会看不清楚。

为什么这样说呢？因为一旦在成本基础上上浮很高，就暴利了，就贵了。为什么说贵？赚钱赚得多了就叫贵。贵了以后，会有一些需求，会增加生产。在一定的时间之内，就会转为供大于求。而低价会刺激需求，因为价格低了，消费积极性就会上来。因为便宜，生产端就会受到强烈压制，随着时间的推移，会转成供不应求，价格从暴跌到暴涨。"

从之前的分析中，我们也能够理解为什么大宗期货价格围绕着成本在波动。在充分竞争的情况下，价格等同于成本，行业整体是缺少利润的。如果行业中的公司真有定价能力，即使行业有明显的周期性(价格随着行业景气大起大落)，那么这个公司的期货价格也围绕着成本与利润之和在波动。所以，对于大宗商品行业而言，当行业整体供小于求，市场价格还在成本之下的时候，投资者买入该行业对应的期货才有比较大的最终获利概率。

3.1.2 电气、机械设备行业

一句话总结：电气、机械设备中某些生产商有品牌效应的"护城河"，容易形成双寡头格局，但行业周期性较为明显。

机械设备包括工程机械、矿机、专用设备等。

因为电气、机械设备通常是较为复杂的，所以具备品牌效应的"护城河"。具体而言，电气设备和专用设备的下游公司较少，而工程机械、矿机下游分布广泛、数目较多，故工程机械、矿机生产商的竞争格局更好。

以竞争格局最好的工程机械为例，工程机械品种较多，主要分为土方机械、混凝土机械、装载机械和起重机械四大类。其中，挖掘机、混凝土机械、推土机等产销量较大。

工程机械生产商具有明显的品牌效应"护城河"，又具有显著的规模经济，容易形成双寡头格局。现实中，工程机械行业的各大品类的确呈现典型的双寡头格局。例如，三一重工和徐工是挖掘机行业双寡头，三一重工和中联重科是混凝土机械行业双寡头。分析这些公司的财报，我们发现，虽然上游钢材价格因供求关系波动剧烈，但工程机械行业的毛利率波幅并不大，可见，该行业巨头具有很强的定价能力，具备一定程度的成本转嫁能力。正因为成本端的变动对行业利润影响不大，所以工程机械行业研究的重点应该集

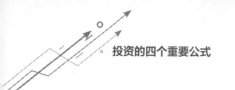

中在需求端的变化上，这是工程机械行业与其他缺少定价能力的中游行业的明显区别。

基建、房地产是工程机械的主要需求来源。比如挖掘机和推土机的销量累计增速与房地产新开工面积累计增量是高度相关的。工程机械行业的行业利润与房地产开发投资、工业生产以及国内信贷状况密切相关，呈现明显的周期性波动特征。因此，在投资相关公司时，也要考虑相关行业的周期。

3.1.3 国防军工行业

一句话总结：国防军工一般只有一个买家——国防部，公司很难有定价权，所以并不是一个好的投资行业。

在一般人看来，国防军工中的不少产品科技含量很高，理应有不少投资机会。很多男性投资者出于天性也钟情于军事上的"黑科技"，认为国防军工行业的投资回报率应该不低。

但事实并不是这样，国防军工一般只有本国国防部一个买家，公司很难有实际的定价权，所以并不是一个好的行业。即便公司出口武器到其他国家，也要经过本国政府的批准，很多时候服务于国家战略。当然，政府的国防事业离不开国防军工企业在研发攻关上的努力，所以最终国防军工企业常常会与政府达成默契，获得一个相对合理的回报，但是利润率并不会很高。这点与公用事业的状况有点类似。

另外，国防军工企业的生产常常是涉密的，难以得到足够的数据来支持行业研究，这对于投资者来说是非常不利的。

需要注意的是，如果在战争状态下，国家国防军工的开支会大幅增加，国防军工行业内公司的业绩和市场回报也会较高。所以，国防军工行业适合采用事件驱动的投资策略。

3.1.4　交通运输

一句话总结：交通运输的基础设施尤其是港口、机场之类，如果能够占据核心位置，就可以"坐地收钱"；而运输行业本身没有差异化，只能通过价格来竞争，对于投资者来说，很难获得良好的收益。

交通运输行业是一个大行业，总体还可以二分为基础设施行业和运输行业。这两个子行业相比较而言，交通基础设施行业带来的投资回报会更高。如果说，交通运输是宏观经济的血液，那么交通运输的基础设施是宏观经济的血管。行业的关键指标可以衡量经济景气的程度。

交通基础设施可分为港口、公路(铁路)、机场。曾有投资者将相关行业的投资经验总结为顺口溜"有港炒港，无港炒路。路不如桥，路找高速。地图核心，旨在令名。无桥无路，囤地致富"。这些总结其实还是相当精辟的。交通运输的基础设施尤其是港口、机场之类，如果能够占据重要的位置，就可以"坐地收钱"。交通运输基础设施的"护城河"是核心城市位置的独占性。所谓令名，是指核心城市的名字。与令名有关的公司的未来潜力来自所处位置的升值，这些港口、公路(铁路)、机场的利润状况其实和地产经营有一些类似。所处位置的土地升值更多来自人口的聚集。因此，未来城市人口流入较多的港口、机场、连接这些城市的公路(或铁路)等交通基础设施行业会有较大的可能提高价格，能给投资者带来更好的投资回报。

而运输行业本身没有差异化，只能通过价格来竞争，对于投资者来说，很难获得良好的收益。

另外，交通运输行业中，有像港口集装箱吞吐量、民航旅客周转量、主要路段货运周转量、港口铁矿石库存这样值得关注的宏观数据和行业数据。通过对这些数据的跟踪调研，投资者便可以洞悉进出口、区域经济、宏观经济周期和库存调整的情况，有利于做出投资策略。

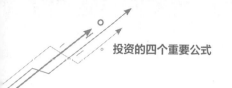

3.1.5 大消费行业

大消费行业也就是前面所说的直接为终端消费者做生产的行业。大消费行业包含汽车、食品饮料、家用电器、农林牧渔、纺织服装、商业贸易、休闲服务。因直接面对消费者，其中大部分行业都有品牌的"护城河"，而且大消费行业本身和人们的生活息息相关，研究难度不大，所以大消费行业可以说是普通投资者做行业研究的不二之选。

1. 汽车

一句话总结：汽车产业链资产较重，低端汽车和汽车零部件拼的是规模经济，并不是长期回报很好的行业；豪华车拥有品牌效应的"护城河"，容易形成双寡头格局，但定价受到约束；汽车销售行业的投资回报一般。

汽车是大消费行业中公司下游最大的一个行业，行业总收入占大消费行业总收入的40%。汽车产业链大概可以分为汽车整车、汽车零部件、汽车销售。

从历史上看，汽车整车行业给投资者带来的回报是不理想的。汽车整车是相对于零部件的一个概念，就是一台完整的汽车。汽车整车行业就是最后销售汽车的制造商，各国的公司都要面临全球的竞争。最强投资者巴菲特曾写道："汽车行业是一个很难断定胜利者的行业。50年前，通用汽车看似是无法阻挡的，它在美国拥有几乎一半的市场占有率，但4年前通用公司破产。在汽车业很难预言谁将是经久不衰的赢家。美国国产的汽车业有将近两千家公司，你能在网上找到它们全部的名字，这些名字需要40页才能罗列完全。这么多公司接下来发生了什么？在2009年春天，这些公司只剩下三家，而且其中两家都申请了破产。挑选一个未来赢家不是一件简单的事情。"巴菲特认为，这三家汽车厂商的股价也长期运行在净资产之下，而净资产很大程度上近似于历史的总投入。所以，美国的汽车行业作为一个整体，很有可能没有给投资者带来一分钱的回报。

这似乎有些违反常理。前文提到，给终端消费者做生产的行业更容易拥有品牌"护城河"，理应更容易产生好公司才对，但为什么美国的汽车行业的整体投资回报较差呢？

　　这与低端汽车行业的独特属性有关。汽车行业的产品关系到消费者的人身安全，政府会给汽车行业设定严苛的准入制度。这本来能够减小行业竞争，但长期而言，消费者就会认为，只要满足政府严苛安全标准的汽车就是质量合格且安全的，就可以不通过品牌来判断低端汽车的质量。最终，汽车整车行业竞争反而更为激烈。这一点可以与家用电器行业作对比。家用电器行业固然也有国家准入标准，但国家准入标准不会像汽车行业的准入标准那样严格，所以消费者大多通过家电的品牌来判断质量。还有一点需要说明，低端汽车的消费者并不在乎品牌的身份象征。总而言之，低端汽车其实是无品牌的，在行业达到饱和之后，投资者能够获得的回报非常有限。

　　豪华车品牌却有真实的品牌"护城河"。豪华车是大众日常购买的单价最高的消费品(房子更多是一种投资品)，具有很强的炫耀性。并且，汽车制造难度较大，难于造假，是常见奢侈品中炫耀功能最强大的消费品(私人飞机和游艇比较少见)，消费者会心甘情愿地掏腰包，豪华车厂商能够获得较大的品牌溢价。豪华车行业除了品牌效应，也有明显的规模经济，容易形成双寡头格局。德国豪华车公司奔驰和宝马分别占据了"乘坐体验好"和"驾驶体验好"两个品牌定位，形成双寡头格局，所以奔驰和宝马相对于一般整车厂商能够获得更好的利润。但是，整车行业的规模经济显著，为了充分利用产能，其他汽车品牌也会有自己的高端品牌线，例如丰田的雷克萨斯、通用的凯迪拉克等，这样奔驰、宝马在规模经济的优势减弱，定价也受到约束，品牌溢价也就有限了。

　　那么，这个最庞大的消费行业是否就不值得投资呢？答案是否定的。

　　幸运的是，汽车行业在达到饱和之前，有不俗的投资回报。根据历史资料，从汽车行业诞生一直到20世纪60年代，那些大汽车公司通常是当时美国股市中累计分红最高的公司，所以正如我们看到的，巴菲特所说的大汽车公司不赚钱的情况只是反映了公司进入行业饱和之后的状态，而不包括公司的发展期给投资者带来的回报。统计显示，从全球来看，汽车厂商的产能利用率基本在80%以下，一般在70%左右，往往盈利比较艰难。但

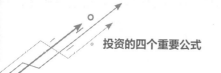

是，中国主要的汽车厂商产能利用率在90%~100%之间，毋庸置疑，其投资回报率比较高。而且这个指标通过工厂的建设计划及产量就可得出，这对投资者来说也是有利的。

除了前面讲的整车，汽车产业链的其他环节也有投资机会。汽车零部件面对的下游相对分散，核心零部件厂商生产的核心零部件的规模经济大于整车厂商，同时这些汽车核心零部件厂商也承担了创新的主要任务，所以一些核心零部件厂商的投资回报会好于低端汽车生产商。

汽车销售，也就是我们常说的4S店，是汽车整车厂商的附属部分。和整车相比，4S店是比较缺乏品牌效应的，并且资产比较重，其商业模式一般。只有在少数的供小于求的情况下，消费者才会加价买车，汽车销售行业才会容易赚到钱。通常来说，4S店通过修车、维保等服务赚钱。长期来看，汽车销售行业处于无差异化竞争，而电动汽车发展可能使4S店的商业模式有所改变。

2. 食品饮料

一句话总结：食品饮料行业的优秀公司拥有品牌效应的"护城河"，兼备规模经济壁垒，容易形成双寡头格局，同时行业周期性不明显。

食品饮料行业是一个值得重点研究的好行业。为什么这么说呢？从结果上来看，食品饮料的投资回报非常高。按照申万行业分类，从2000年到2018年，上证指数上涨幅度超过80%，而上涨幅度最大的行业指数是食品饮料行业的，上涨幅度超过700%，远远超过了上证指数的上涨幅度。

那么，为什么食品饮料行业投资回报如此高？

最重要的原因是食品饮料行业的品牌"护城河"高。食品饮料行业的优秀公司拥有强大的品牌效应"护城河"，容易形成双寡头格局。首先，很多食品饮料产品直接给人带来快乐，使得人们在看到公司的品牌时，能够产生正面的联想。长期来看，顾客对品牌会形成稳定的条件反射，为品牌带来稳固的"护城河"。根据BA公式，在每个品类之中，大众消费者认可的大品牌就是两个。一旦形成了习惯，往往不会改变。比如对于可乐品类，大家只认可口可乐和百事可乐。只要成功建立起品牌效应，用户忠诚度往往非常高。哪怕管理层较为平庸，公司还是能够维持行业竞争力，获取高额的回报。同时，公司在规模生产、投放广告上都有明显的规模经济，能够一步步淘汰掉小规模的生产商。

其次，人们对某种食品饮料的喜爱在长时间内不会发生变化。比如白酒有上千年的历史，使用的原料和酿造手法都变化不大，不会像IT行业一样在短期内发生剧烈的变化。同时，吃喝是大众的基础需求，基本上不会受宏观经济环境的影响，投资者能够较为精确地计算出行业龙头公司的未来现金流情况。

最后，食品饮料大部分价格并不昂贵，当成本费用上升时，产品提价较为容易。比如可口可乐，一瓶两三块钱，涨价几角，消费者对此一般不会有强烈抵触，但能给公司带来巨额的利润回报。

因此，食品饮料行业能够带来很好的投资回报。按照历史上的资本回报率数据，资本回报率长期较高并且稳定的行业首选食品饮料行业。根据最新的数据，A股食品饮料行业的资本回报率是19%，并且最近几年食品饮料行业的资本回报率还在不断提升，这也验证了我们的分析。由于食品饮料行业如此优秀，我们将在后续做进一步的具体分析。

3. 家用电器

一句话总结：家用电器行业的白色家电和优秀的小家电公司，以及家用电器的渠道公司都拥有品牌效应的"护城河"，兼备规模经济，容易形成双寡头格局；而黑色家电行业由于技术进步较快，上游集中，行业格局一般。

家用电器大体可以分为白色家电、小家电、黑色家电。

1) 白色家电

白色家电主要分为冰箱、洗衣机、空调三大子行业，因其产品通常是白色的，所以统称为白色家电。总体而言，白色家电的行业属性上佳。

以行业属性最好的空调为例。由于空调的使用感受和质量很难被量化，消费者在购买空调时，大多先确定购买的品牌，也能接受更高的价格，这样就形成了空调行业的品牌效应，造就了强有力的品牌"护城河"，容易形成

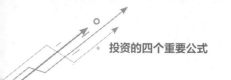

双寡头格局。经过长期的激烈竞争，国内空调行业最终形成双寡头格局——格力和美的。其中，格力空调更胜一筹。从量价来看，近年来，空调龙头公司的终端售价与销量份额能够持续上升，也证明了品牌效应的作用。

除此之外，空调行业还有一些特有的优势。首先，空调是白色家电中不可或缺而又单价最高的子行业，行业空间大于其他品类，能够造就更长期的增长龙头。其次，空调的技术变化较小(整个白色家电行业都有这样的特征)，行业发生技术颠覆的概率很低，使得行业龙头公司强者恒强，品牌"护城河"更加稳固。最后，规模经济造就了空调行业龙头的竞争优势。规模经济存在于采购、生产、物流、渠道等各个环节。从生产成本数据上来看，空调龙头公司的上游采购价格(原料、零部件)比行业其他公司减少10%；龙头公司在生产环节中产品质量控制得更好，能够降低成本；仅有格力、美的这样体量的龙头公司才有能力自建渠道，也使得渠道的平均成本更低。

类似地，经过长期的激烈竞争，国内洗衣机行业已经形成了海尔与小天鹅(已被美的收购)的双寡头格局，国内冰箱行业也已经形成了美的与海尔的双寡头格局。

2) 小家电

小家电是指除了冰箱、洗衣机、空调、电视这些大家电之外的家电。以小家电中最大的品类——吸油烟机为例，吸油烟机行业的"护城河"主要是显著的品牌效应。厨电行业的技术难度并不太高，吸油烟机的核心部件就是电机，很难说有很高的技术壁垒。此外，小家电的体量不像白色家电那么大，没有很大的议价权，也谈不上有多少规模经济。但是小家电的品牌效应依然带来了集中度的提高，方太与老板依靠品牌效应已经在高端吸油烟机(甚至是高端厨电)形成了双寡头的竞争格局。

3) 黑色家电

虽然白色家电和小家电行业的发展速度较快，但是由于这些行业的"护城河"较高，过去十年并没有新的品牌寡头出现，竞争格局非常稳定，而黑色家电的行业属性就没有这么理想。黑色家电专指电视机，因其产品通常是黑色的，统称为黑色家电。虽然大家把黑色家电归类为家电，但是黑色家电与白色家电、小家电有明显的属性区别。首先，黑色家电行业的技术创新明显快于白色家电、小家电。从晶体管到LCD，再到LED，乃至OLED，黑色家电行业基本上每5年就有一次较大技术更迭，而且在技术变化发生时，还有不同的技术路径可以选择。如果企业在技术路径选择错误，原先的优势企业就有可能轰然倒闭。例如在电视机技术从晶体管到LCD的技术更迭中，有LCD和等离子电视两条技术路径，此前的优势企业长虹就因为选择了错误的技术路径——等离子电视，导致经营失败。其次，面板占电视机成本的70%，占比极大，而面板企业不同于其他一般配件加工厂，行业属性比较特殊，属于半导体制造行业，通常产能较为集中(至于为什么半导体制造行业产能比较集中，我们将在电子行业小节中做出解释)。面板行业可以说是黑色家电最重要的上游行业。所以，虽然行业也有明显的品牌效应，但上游面板公司较为强势，有时还会面临技术路径选择的难题，长期行业格局难以稳定，形成了四五家(在同一品类中，人脑最多记得四五家品牌)品牌生产商争雄的局面，行业格局不如白色家电与小家电。

由于家电的品类丰富，又有售后安装这些通用服务(综合性超市缺少这些售后服务)，形成了专业的家电渠道商。优秀的、专业的家电渠道商能够把控家电产品的质量，使客户选择家电的难度下降，形成渠道方面的品牌。同时，销量较大的渠道显然可以拿到更好的价格，可以降低售价，使得家电销量进一步提高。家电渠道公司拥有品牌效应的"护城河"，也具备一定的规模经济，容易形成双寡头格局。在国内，线下家电渠道的双寡头是国美和苏宁。在家电各个品类还没有形成品牌双寡头垄断格局时，家电渠道的背书能力非常重要。但随着家电企业自身品牌的形成，渠道只有在小品类的家电和新的家电品类中，才能起到类似的效果。因此，家电渠道龙头的"护城河"大概率将变得越来越窄。与此同时，京东等线上家电渠道也对线下双寡头造成冲击，形成新的家电零售寡头。

由于家电行业的行业属性非常优秀，我们将在后面的章节做进一步展开论述。

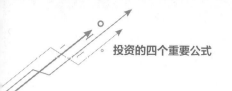

4. 农林牧渔

一句话总结：大部分农林牧渔行业的公司没有"护城河"，产品无差异化；极少数情况下，可以形成与食品饮料公司类似的"护城河"。

一般的农林牧渔行业的产品都是无差异化的大宗商品，与其他的大宗商品一样，在大宗商品期货市场中交易。由于该行业没有明显的"护城河"，大多数情况下，公司的经济利润为零。

在极少数情况下，个别农林牧渔行业的公司可形成与食品饮料公司类似的"护城河"。一种情况是，因自然条件某个地方的某种农产品有明显的口味优势或者其他功能性的优势，形成以地域为品牌的农产品，比如阳澄湖大闸蟹和阳山水蜜桃。这种品牌价值最终会沉淀在当地的农地上，抬高当地农地(或者水域)价值。

另一种情况是，将某种农产品成功进行品牌化包装，做成像食品饮料品牌那样的农产品品牌，形成与食品饮料品牌类似的"护城河"，如褚橙。

在食品饮料领域，只有形成独特的品牌，才能够获得品牌溢价。当人们看到"褚橙"成功后，便纷纷效仿。如京东商城CEO刘强东种植高端大米，网易的丁磊养猪，联想佳沃推出"金艳果"猕猴桃，柳传志推出"柳桃"，房地产商潘石屹推出"潘苹果"。农业领域，名人产品渐成趋势。

5. 纺织服装

一句话总结：纺织行业的公司没有"护城河"，产品无差异化，投资回报较差；服装行业的公司拥有品牌效应"护城河"，可以形成双寡头格局。

前面提到，纺织行业是纯粹的面向企业(2B)的行业，服装行业是纯粹的面向消费者(2C)的行业。

纺织行业的产品基本是无差异化的，纺织企业所制造的产品，其下游服装企业基本上可以通过量化指标来知晓哪一家工厂做得更好。投资者也可从这些指标中知道纺织行业总体投资回报并不好。

但服装行业与其截然不同，差异化明显，服装穿在身上，具有美化自己、炫耀身份的功能；还有一些专业的运动设备有助于在比赛中获胜，会给消费者带来赢的快感。这两种功能都可以带来品牌效应，分别对应"时尚奢华"和"运动"两种品牌效应。而在"时尚奢华"和"运动"两种品牌效应中，"运动"品牌的内涵更为单一，也更有持续性。而"时尚奢华"品牌拥有类似媒体的特性，品牌内涵更容易变动，因此持续胜出的难度更大，但也有经典奢侈品可以长盛不衰。

耐克在创立之初，品牌中就渗透了运动员的激情。耐克的名字来自希腊文"胜利"。而耐克的标识(钩子)更是神来之笔。1971年，菲尔·奈特决定创业时，耐克的创始人们(运动鞋狂热爱好者)就聚在一起思考：设计一种怎样的标志能够完美诠释运动员的激情？他们想来想去，最后这个"钩子"形状的标识就诞生了，它的含义就是："像一个田径运动员，嗖地一声，从你身边飞快地跑过。"耐克那句著名广告语"Just do it——别想那么多，只管去做"家喻户晓，深受大众喜爱，甚至早已超出了一般的商业范畴，成为一种全球文化符号。

当然，除了品牌形象之外，公司的产品要能够充分地体现"运动"的专业性，帮助运动员在比赛中获胜，才能成就一个真正的运动品牌。真正让耐克大获成功的产品是耐克1977年推出的气垫鞋。耐克创始人菲尔·奈特偶然遇到了一位名叫弗兰克·鲁迪的航天工程师。鲁迪受航天技术启发，向菲尔·奈特建议，运动鞋可以采用气垫技术。菲尔·奈特欣然采纳。在公司的努力研发和持续打磨之下，耐克的气垫鞋成功推出，持续热销，为耐克带来了巨大的品牌效应和销售业绩。耐克公司因此在市场上大获全胜，成功超越了主要竞争对手——阿迪达斯，成为运动品牌的标杆。更重要的是，耐克从来没有停止技术创新，从而保证公司在运动鞋领域上的优势。直到今天，气垫鞋依然是耐克运动鞋家族中一个耀眼的产品品类。

6. 商业贸易

商业贸易行业可以分为商贸行业和零售行业两类。

一句话总结：商贸行业的公司没有明显的"护城河"，投资回报较差；

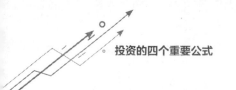

零售行业的公司拥有品牌效应"护城河"，可以形成双寡头格局，而在多品类的零售行业甚至拥有网络效应"护城河"。

商贸行业一般是公司对公司的交易的行业，虽然也会存在商贸的市场，但是公司对公司的交易会形成一种稳定的贸易关系，通常可以绕开市场去交易，所以很难形成明显的"护城河"。

而零售行业的公司可以有"物美价廉"的名头，从而拥有品牌效应"护城河"，在某个品类的零售行业可以形成双寡头格局(如之前提到的家电渠道类的公司)；在多品类的零售行业(如大卖场)甚至拥有更加强大的网络效应"护城河"。大卖场中品类越多，对客户的吸引力越大，形成正反馈覆盖的消费者越广，就越有可能形成网络效应"护城河"。但是，零售行业的"护城河"并非长期稳定的，是复杂多变的，其竞争十分激烈。

最强投资者巴菲特就深切地感受到这种变化的迅猛。巴菲特曾说："零售业是一个竞争十分残酷的行业。在我个人的投资生涯中，我亲眼看到过数量众多的流星型零售企业，它们曾经一度享有快得惊人的销售收入增长率和高得惊人的净资产收益率，但是某天开始，其业务急剧下降，往往一头直下走向破产的结局。这种流星短暂一闪之后就毁灭的现象，在零售行业里面远远要比制造行业或服务行业更加常见。其中一部分原因是，这些零售企业必须时时刻刻保持"头脑清醒"，因为不管你搞出什么样的创新，你的竞争对手总是能够成功复制你的做法，然后超越你所做到的水平。与此同时，那些消费者总是受到各种各样的诱惑，到不断涌现的新商家尝试。在零售业，销售一旦下滑，就大概率会失败。"

之前提到，多品类的零售行业甚至拥有网络效应"护城河"。一般的零售业可按照品类的多寡分为大卖场、超市、便利店。那么到底是什么决定了卖场中品类的多寡，从而造就不同的业态？这就要从"SKU数量和人口密度"来分析。

一个地区能够发展的零售业态的规模主要取决于人口密度。零售业的网络效应"护城河"可以简单地量化为**"SKU数量×人口密度"**，只有"SKU数量×人口密度"达到一定数量，才能够支撑起零售业态。所以，越是规模大的零售业态对人口密度要求越低，而越是规模小的业态越需要高人口密度的支撑。在人口密度低的地区开个便利店，如果便利店的SKU数量不足，无法满足消费者一次性采购的需求，就很难存活；而在人口密度高的区域，由于人多拥挤，交通的顺畅度必然下降，人们去大卖场的频率会变低，便利店的优势就会显现。

这个原理解释了为什么在地广人稀的美国最主流的零售品牌是大卖场形态的沃尔玛和COSTCO，而以大都市圈为主的日本最主流的零售品牌是711、全家等便利店。需要说明的是，每个国家的人口密度、交通出行方式、信息交流方式千差万别，所以每个国家基本都有自己的强势的零售品牌。

随着互联网的发展，电商在零售业的比重越来越高。从电商的零售商业模式来看，其SKU极高，需要的人口密度非常低。一个电商平台的消费需求可能来自全国各地，这对于线下门店来说，是不可想象的。同时，得益于完善的快递网络，从供应链角度，电商依旧是不怎么需要人口密度支持的(当然更高的人口密度可以使得供应链效率更高)。从服装、化妆品等品类来看，天猫、淘宝依赖商品价格优势，又占据着相比线下的SKU丰富的优势，快速崛起；而京东依赖于3C这类标品的价格优势，迅速建立起自己的基本盘。

7. 休闲服务

一句话总结：休闲服务行业(主要是旅游业，包括旅游景点、酒店、博彩等)一般拥有品牌效应"护城河"，可以形成双寡头格局。

旅游业的目的主要就是让大家体验不同的生活，所以旅游业所提供的服务不论是旅游景点、酒店、博彩都是高度非标准化的，休闲服务行业一般拥有品牌效应"护城河"，可以形成双寡头格局。

(1) 旅游景点。如果不是因为有迪士尼乐园、环球影城(典型的双寡头格局)这种人造景点，旅游景点有可能因为自然条件或者人文环境的唯一性，变成独家供应，如九寨沟、黄山就有很强的稀缺性。

(2) 酒店。酒店服务的价格区间非常大，酒店档次非常多，同等价位所提供的服务会趋向同质化，竞争格局也趋向寡头化。但是，因为高档酒店可以比较容易做品牌下沉，与低档酒店争抢生意，所以其行业竞争格局比双寡

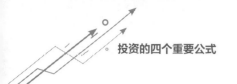

头更为复杂一些。国内酒店业通过竞争和并购，基本上形成了华住系、锦江系、首旅系三大寡头势力。

（3）博彩。从第2章关于赌博的介绍中，我们知道赌博是输钱之道，同时也知道合法的博彩还是有很大市场需求的。人们想去赌博的渴望很强烈，并很容易将博彩和其他娱乐活动联系起来。如果有一场精彩的拳击比赛，你即便投了很小的赌注，比赛也会看得更尽兴。赌博在某种程度上，就是对好赌之人收税的一种行为。我们要看清的，第一是不要去交"博彩税"，第二是看博彩行业有无投资机会。但是，博彩行业赚钱虽多，在道德层面却让人反感，很多投资大师都不投资博彩业，此处不再赘述。

3.1.6 IT行业

IT行业的行业属性非常特别，IT行业可能具有最强的"护城河"——网络效应，也有可能因为技术更迭太快，行业巨头突然破产倒闭，使其长期投资回报无法预测。IT涉及的行业专业性非常强，研究难度很大，对其的研究需要具有很强的专业性，但因为IT行业投资回报高，对其投入大量精力进行行业研究还是值得的。IT行业包括电子、计算机、通信、传媒。

1. 电子

一句话总结：电子行业中半导体设计和消费电子行业一般拥有品牌效应"护城河"，可以形成双寡头格局；半导体制造规模经济非常显著；而电子制造行业缺少"护城河"。

电子产品的需求最终来自最下游的消费电子，而其上游的半导体技术的进步造就了消费电子新产品的产生。

1) 半导体

半导体行业分为设计、制造和封装三个环节，其中封装行业较为缺少"护城河"，而设计、制造行业各有精彩之处。首先，半导体设计行业对芯片的衡量非常复杂，不是跑分软件可以测试决定的，其质量主要有赖于品牌保证，有明显的品牌效应。同时，在半导体设计行业中，各种专利占有一定比例，也会使半导体设计行业形成"护城河"。其次，半导体制造行业极为特殊，半导体制造行业的产品芯片是至微之物，可变成本极小，几乎全部是固定成本，所以其规模经济在所有行业中最为显著。同时，半导体制造行业的研发投入极大，造成了一定的进入壁垒，致使整个行业的集中度非常高，如全球半导体制造龙头台湾积体电路制造股份有限公司(简称台积电)占据全球一半以上的芯片制造份额。

2) 消费电子

在创新方面，半导体行业遵从的基本规律是摩尔定律：集成电路上可容纳的元器件的数目，约每隔18个月便会增加一倍，所以计算性能也将提升一倍。同时，每一美元所能买到的计算性能，将每隔18个月便会增加一倍。通过摩尔定律可以推导出，相同性能的消费电子设备的体积每1.5年(18个月)缩小一半，每5年能够缩小到原来体积的 $1/2^{5/1.5} \approx 0.1$。一个数量级的差距将带来革命性的性能改变。现实中，消费电子的确有5年的创新周期。

1999年开始，个人电脑(当时是台式机)开始进入加速发展黄金期，戴尔、惠普成为主要的消费电子生产商。

2004年开始，笔记本电脑(体积大约为台式机的1/10)成为消费者个人消费电子设备的主力。同时，功能手机(此时性能尚不能与个人电脑相比)凭借可移动的优势后来居上，诺基亚、摩托罗拉成为新的主要的消费电子生产商。

2009年以来，随着3G的推广，智能手机(体积大约为笔记本电脑的1/10)的渗透率快速提高，苹果、三星淘汰老一代手机生产商诺基亚、摩托罗拉，成为新的主要消费电子生产商。

2014年以来，以智能手表、智能音箱为代表的可穿戴设备高速发展，造就了亚马逊等新的消费电子玩家。

2019年以来，新的消费电子创新到来，AR(augmented reality，增强现实)和VR(virtual reality，虚拟现实)设备有较大的可能性成为下一代的消费电子主流。

从大型计算机到台式机到笔记本，以及功能手机到智能手机的科技产品进化历程来看，消费电子也的确有5年的创新周期，新一代的消费电子产品可能

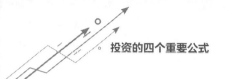

会挤压甚至淘汰上一代的设备。可见，虽然消费电子行业拥有品牌效应"护城河"，可以形成双寡头格局，但其行业创新速度较快，原有龙头公司在新的产品冲击下是否还能保持领先存在不确定性，需要投资者具备非常专业的行业素质才能做出判断。由于消费电子行业属性优秀，我们将在后续做进一步分析。

3) 电子制造

一般而言，电子制造行业主要是指相关代工企业，它们一般缺少"护城河"，投资价值较低。

2. 计算机

一句话总结：计算机行业中，操作系统拥有网络效应"护城河"，通常会形成自然垄断格局；其他的工具类软件拥有品牌效应"护城河"，通常会形成双寡头格局。

软件行业分为个人级软件和行业级软件。其中个人级软件包括操作系统、浏览器软件、安全软件等；行业级软件包括基础软件(如数据库、ERP等)和各个行业的行业软件。软件行业的经济特点非常明显，开发一个好用的软件需要花费大量的研发资金，但复制一个软件的边际成本几乎为0。

在个人级软件中，操作系统的"护城河"最为强大。操作系统给用户提供最基本的人机交互界面，开发者在界面中给用户提供各种应用。用户越多，开发者越有动力开发这个系统的应用。同样地，应用的种类越多，用户越有动力去使用这种操作系统。所以，操作系统拥有网络效应的"护城河"，通常会形成自然垄断格局。以个人电脑的操作系统为例，Windows的市占率达到95%，已经达到了自然垄断的地步。第1.4.2节也提到，由于手机的操作系统分为高端和中低端两类平台：iOS和安卓，两类平台的用户量比例约为17%和83%。

而其他的个人软件(如浏览器软件、安全软件)和行业级软件，通常没有那么非常丰富的应用，所以不会有网络效应的护城河。但是，这些软件除了少数简单的工具类软件，也不是标准化的，对其评价取决于用户，这样就容易形成品牌效应，形成双寡头格局。以浏览器软件为例，由于微软通过捆绑销售将Windows的垄断延伸到下游，造成IE浏览器仍然是主流的浏览器之外，Chrome和Firefox两大浏览器在全球浏览器市场形成了双寡头格局。

其他的一些工具类软件，只要具有一定的复杂度，都会具备品牌效应，通常会形成双寡头格局。

3. 通信

一句话总结：通信行业中，光纤光缆行业没有"护城河"；电信设备和电信运营行业一般拥有品牌效应"护城河"，通常会形成双寡头格局。

通信行业是满足消费者对信息交流的需求的行业，是现代经济中很多行业生产和日常消费不可或缺的。同时，通信(硬件)是互联网(软件)行业的基础设施。从上游到下游，通信行业包括上游光纤光缆、中游电信设备和下游电信运营行业。

与电子等行业类似，通信行业的技术有时候是发展迅猛的，层出不穷的新应用也带动着下游对通信行业的需求与日俱增。但是与电子行业不同的是，过去20年来，每百万个晶体管成本呈指数式下降趋势，而每1000Mbps的带宽成本却呈线性下降趋势(见图3-2)。

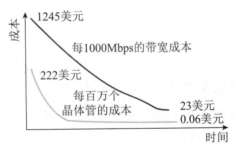

图3-2　每1000Mbps的带宽成本线性下降

1) 光纤光缆

上游光纤光缆行业的产品是标准化的，类似于大宗商品，所以长期来看，无法产生超额利润，投资的价值并不大。

2) 电信设备

中游电信设备行业是产业链中竞争格局最好的子行业。电信设备的质量

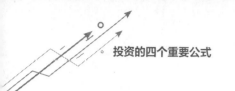

和寿命不能用简单的几个参数来识别，所以运营商只能通过设备商的品牌来确认产品的品质。同时，电信设备行业的研发费用高昂，国内前两名的电信设备商华为和中兴，在研发上的投入在国内所有企业中排名前5名，其中华为更是排名第1名。所以，电信设备行业的规模经济也是非常惊人的。在品牌效应和规模经济的双重加持下，行业通常会形成双寡头格局。以国内为例，华为和中兴是电信设备行业的双寡头。

3) 电信运营

下游电信运营行业一般拥有品牌效应"护城河"。首先经营电信运营业务需要相关频段的牌照，而这种牌照在国内是非常难以取得的。其次，电信服务的质量涉及流量大小、速度、高峰使用体验等多个方面，是非标准化的，具有很明显的品牌效应，通常会形成双寡头格局。随着通信技术的更迭，通信标准已经从20世纪80年代的1G(第1代)发展为如今的5G(第5代)。每一代通信技术的变化均涉及一些技术路径的选择。例如在3G技术中，国际电联接受的3G标准主要有WCDMA(日本和欧洲)、CDMA2000(美国)、TD-SCDMA(中国)、WiMAX，最终CDMA2000胜出，中国移动因为选择TD-SCDMA技术造成3G份额暂时落后，通过4G时代的快速推进才重新恢复优势地位。

4. 传媒

一句话总结：互联网传媒行业通常有网络效应的"护城河"，会形成自然垄断格局；文化传媒行业一般拥有品牌效应"护城河"，通常会形成双寡头格局，但是行业需求变动较快。

1) 互联网传媒

互联网行业是商业领域中所有行业中"护城河"最为强大的行业。互联网的名字中"互联"代表了连接，"网"代表了网络。互联网具有天然的网络效应，链接各式各样的信息。网络效应，顾名思义，是像一张网一样连接在一起，所以网络效应一定需要有连接。如果把万事万物分成人、物以及信息的话，这样的连接可以分为好多种。首先是人和人的连接，其次是人和物的连接，最后是人和信息的连接。由于互联网行业的重要性，后面会单独阐述，此处不再赘述。

2) 文化传媒

文化传媒行业也就是内容制作行业。很显然，文化传媒行业拥有品牌效应"护城河"，通常会形成双寡头格局，但是行业需求变动较快。对于影视和游戏这些生命周期较短的内容，往往需要事前判断其是否受欢迎，却无法事后做出调整，而观众的口味变动很快，因此投资难度非常大。不过，也有较稳妥的投资方法，比如投资口碑之作的续集，这样既保证了大概率符合观众的口味，又有助于后期推广。

除了影视、游戏等娱乐内容外，文化传媒还包括教育。教育的内容显然拥有品牌效应"护城河"，而且这种效应更加持久，所以更加值得投资。而学校的行业特性非常有意思，除了幼儿园之外，好学校类似一个平台，能够吸引好学生和好老师，具备网络效应的护城河。但是一旦学校的规模过大，就会影响总体的学术表现(如升学率)。所以，学校和其他行业不一样，非但不是规模经济，而是规模不经济。学校行业最终会形成类似排行榜的竞争格局，排行榜前列的学校可以享受品牌溢价。那么，为什么要排除幼儿园呢？在此，引用一篇笔者的旧作来说明。

看到雪球上在争论幼儿园应该不应该放开民间资本，但是没有看到非常专业的观点。现代主流经济学绝对不是什么奥派经济学，认为什么行业都应该私有化。甚至可以说，如果按照奥派经济学的观点来贯彻安保服务(暴力)、货币发行都私有化的想法，经济的发展会比他们攻击的计划经济还要差。现代主流经济学是一门复杂而严肃的学科，对某种行业是不是应该私有化有充分的研究(Holmstrom等人)。其中的内生外部性理论认为，测度绩效费用高的服务，且不能通过私营公司适当将此服务与测度绩效容易的服务捆在一起买卖时，这种行业就不宜搞私有化。

那么幼儿园的绩效测度容易吗？雪球创始人兼董事长方三文对幼儿园的生意模式有很好的归纳："幼儿园不是好生意。一是家长的期待与园方能提

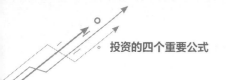

供的服务，永远有巨大的差距；二是园方的管理意图与老师的实际操作，永远有巨大的差距；三是可以标准化、规模化的地方很少，企业的价值有限；四是房租、教师工资成本永远在上升，收费价格却受各种因素的影响，不容易提升；五是安全和责任方面的巨大风险与极低的利润率，简直完全不匹配。"

家长对幼儿园的绩效要求是不确定的，测度绩效费用极高。有的家长希望小孩多学知识；有的家长希望小孩趁着年纪小多玩耍；有的家长仅仅希望有地方托管。到最后升学多半拼的是家长的付出。目前，没有发现把幼儿园的绩效与测度绩效容易的服务捆在一起的方法。所以，幼儿园不放开民间资本进入或许是一条正确的决策。

但是，小学到高等教育与幼儿园截然不同，可以直接用升学成绩作为测度，这些市场应该放开民间资本进入。

3.1.7　金融行业

金融行业是有关资金供给和需求的行业。金融行业占国民经济的比重非常大，严格来说，投资也属于金融的一部分。虽然金融行业的"护城河"可能不如大家想象得那么高，产生的投资回报也不如预期的高，但研究金融行业还是很有价值的。

1. 银行

一句话总结：银行行业中，国家按规定给公司发放牌照，该行业品牌"护城河"并不强，一般拥有低成本优势的公司更有竞争力。

总体来讲，银行行业是人们出于保守增值的需求而诞生的。国家按规定给银行发放牌照，以保证存款人的利益，故银行的品牌效应并不强，一般拥有低成本优势的公司更有竞争力。而低成本通常来自保守的管理层文化。最强投资者巴菲特投资了大量的银行，获得了良好的回报，同时巴菲特在他的历年致股东信中有大量分析银行行业的笔墨。巴菲特写道："银行业是个很好的行业，很多银行都有很高的有形资产回报率。查理和我都对银行的高收益感到惊讶，从这点来看银行业有点像零售行业。我们低估了银行客户的黏性，也低估他们对银行收费无意识的程度。"但是，国内银行业的竞争比美国激烈，收费低于美国，可能巴菲特的论断在国内并不适用。

银行行业属于广义的资管行业，品牌和规模并不起决定作用，而看中银行管理层的经营能力。也就是说，银行的规模和名气对用户的选择影响不大。银行行业的主要问题是存在坏账。如果银行本身不在资产上犯错，就能长期赚钱。

在投资方面，金融类公司比其他类别的公司都要难以研究。因为金融类公司可以随便报一个自定的利润数字——这个游戏对他们来说很简单，且司空见惯。

总体来说，银行业投资难度高，投资前，投资者要充分了解管理层和企业的文化，否则不要轻易投资。曾经有一句话说得很有道理："世界上的银行比银行家要多。"广义的资管行业也是这样的现状(合格的资管人士相对稀少)。

2. 保险

一句话总结：保险行业中，公司都有牌照，品牌"护城河"并不强，一般拥有低成本优势的公司更有竞争力。

总体来讲，保险属于广义的资管行业。购买保险是人们在未知的恐惧情绪驱动下，投入一部分资金来保障自己的未来生活；银行存款是人们以获得回报为驱动，投入一部分资金来保障自己的未来生活。因此，保险公司获取资金的成本低于银行，一般拥有低成本优势的公司更有竞争力。而低成本通常来自保守的管理层文化。和银行业一样，国家按规定给保险公司发放牌照，以保证投保人的利益，品牌效应并不在保险行业起决定性作用，保险行业总体算作比较无差异化的行业。

最强投资者巴菲特经营大量的保险公司，来获得低成本的资金来源，同时，巴菲特在他的历年致股东信中有大量分析保险行业的笔墨，我们可以借此分析保险资金对资管行业的意义。

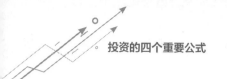

巴菲特写道："到底该如何衡量一家保险公司的获利能力呢？分析师与保险公司经理人通常会去看综合比率——在评估一家保险公司盈利潜力时，它的确是一个很好的指标。但我们认为还有一个更好的衡量标准：承保损失与浮存金的比率。这个比率，与人们常用的旨在衡量保险经营绩效的其他统计指标一样，是不适宜考察短期业绩的。一个季度乃至一年的承保数据会因为估计的成分太过浓厚而无参考价值。但是当时间拉长至数年以上时，这个比率就可以大致告诉我们保险浮存金成本的高低。资金成本低，就代表这是一桩好生意；否则，就是一桩坏生意。"所谓浮存金，简单来讲，就是客户交给保险公司的保费中，尚在保险期间内但还未赔付出去的部分，是将所有的损失准备、损失费用调整准备与未赚取保费加总后，再扣除应付佣金、预付购并成本及相关递延费用。

巴菲特还写道："想要产生低成本的浮存金，必须要做到以下几点，一是必须有毫不妥协的承保纪律；二是稳健保守地提列准备；三是避免那些看起来'不可能发生'意外所累积的风险部位，从而影响到公司的偿债能力。"

与银行行业一样，只要保险公司本身不出现投资过失，就能长期赚钱。

3. 证券

一句话总结：证券行业中，经纪(研究)业务通常缺少"护城河"，研究所研究员有个人品牌"护城河"；投行业务一般拥有品牌效应"护城河"，通常会形成双寡头格局；资管(包括自营)业务，常缺少"护城河"，投资经理有个人品牌"护城河"。

证券公司的首要业务通常是经纪(研究)业务，可惜的是这个业务给大部分客户提供的是同质化的业务，通常缺少"护城河"，券商只能通过降低费率来竞争。在现实中，国内券商的佣金一直在不断降低，直至贴近成本的万分之二。券商机构投资者能够给客户带来研究服务，这种研究服务是非标准化的，具有品牌效应，但获得的超额收益往往只落在研究员个人身上，与券商无关。

证券公司的业务中，拥有"护城河"的要数协助公司发行股票、发行债券的投行业务。公司想要顺利发行股票、发行债券，除了公司的名声起作用外，券商的品牌、会计师事务所的品牌、律师事务所的品牌也起到一定的背书作用。因此，有的公司宁愿出高价邀请有品牌效应的证券公司来协助发行股票或债券。

证券公司的资管业务和研究服务较为类似，甚至体现得更为明显，因为资管服务是非标准化的，具有品牌效应。但是，通过品牌效应获得的超额收益也往往只落在投资经理个人身上，证券公司较难获得。

3.1.8　大房地产行业

房地产是大部分普通人财富的最大组成部分，大房地产产业链在投资中更是举足轻重。大房地产行业包括房地产、建筑装饰、建筑材料、轻工制造行业。在国家高速城市化的时期，大房地产行业甚至可能是最好的行业。为此，我们有必要好好研究大房地产行业。

1. 房地产

1) "护城河"与牛鞭效应共同造就房地产"牛市"

房地产通常是老百姓花钱最多的地方，也是过去20年国内造富最厉害的行业之一，不仅房地产开发商挣得盆满钵满，早期的购房者也获得了巨大的回报。如此高的回报主要来自两个方面：一方面是城市土地"护城河"的长期价值；另一方面是牛鞭效应带来的上涨周期。

首先，从第1章中，我们了解到城市人口规模分布呈现Zipf法则，而最终达到这样的量化规律主要通过城市化中的人口流动来体现。我们可以通过城镇化率这个指标来分析。城镇化率是指农村人口流入城市的比例，这个指标可以大概反映一个国家的房地产行业发展到哪个阶段。国外发达国家的历史案例也能够验证这一点。目前，我国公布的城镇化率达到60%，和发达国家70%~80%的水平还有10%~20%的差距。单纯从数据上来看，城市化给房地产带来的需求空间似乎还有一些(国家城镇化目标是2030达到70%)。但是，

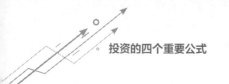

根据一些经济学家研究，国内统计数据很有可能低估了实际的城镇化率。根据国家统计局数据，2015年中国的流动人口数量减少了500万人左右，随后两年都继续减少；2016年进城农民工数量首次减少160万人，2017年国内运送旅客人次首次出现下降。也就是说，以人口流动为特征的城市化进程几乎结束了。

其次，牛鞭效应在房地产"牛市"中发挥了不少作用。在经济发展的黄金时期，比如改革开放之后，尤其是20世纪90年代后，国内经济快速增长。这当然是挣钱的黄金机会。那么，什么是黄金机会中最好的挣钱机会呢？牛鞭效应告诉我们：需求的变化在产业链的传导中被放大了，使得最上游的需求量出现了很大的波动。因此，在一个产业链中，多半是最上游的行业对需求的变化最为敏感。什么又是整个经济体的最上游呢？当然是土地及其相关的房地产行业。各行各业都需要房子来办公、来生产、来居住，即便是最虚拟的互联网行业的公司也需要办公区域。因此，土地的价格对经济体的发展是异常敏感的。在中国改革开放之后，土地的单价上涨也的确超过了人均收入的增长。如果有幸生在这样一个高速发展的大时代，作为一个普通人，获取社会发展带来红利的最好方法是什么呢？当然是从事房地产相关行业或者以加杠杆的方式(贷款)在核心城市购买属于自己的住房。

2) 仍有投资房地产公司的机会

虽然房地产行业的上升空间不大，甚至长期来看很有可能出现萎缩，但是房地产行业的竞争格局有可能发生改善，从而带来投资机会。房地产行业的竞争格局较为复杂，行业的基本竞争要素是土地的位置和拿地的能力。房地产行业的市场集中度非常低，行业市占率第一位的公司的市场占有率仅有3%~4%。因此在终端市场，房地产行业几乎是一个完全竞争的行业。但是，房地产行业的品牌效应也是存在的，一些优秀的房地产公司能够凭借优秀的运营能力获得溢价。例如，万科的房价比周边房价高出10%还要多。

目前，国内土地市场的价格已经在高位，拿地的成本偏高，导致一部分小地产商退出。同时，由于政策的限制，地产商融资成本和难度也在提高。所以，近几年房地产公司的集中度在提升，并将持续提升。集中度的提升会使得现存开发商获得的回报比之前更高。

2. 建筑装饰

一句话总结：建筑装饰行业缺少"护城河"，在产业链中议价能力较弱，行业的长期投资回报较为一般。

建筑装饰主要分为基建及房地产，这两个业务的上游都是典型的投资拉动型行业，其需求受固定资产投资的波动影响，且较为显著。由于与主要的宏观经济指标——固定资产投资高度相关，其景气性波动体现出与宏观经济周期性波动的一致，行业的"周期性"较为明显。

建筑装饰行业缺少"护城河"，在产业链中议价能力较弱，造成带资承包、垫资工程等普遍现象。行业的长期投资回报较为一般。

3. 建筑材料

一句话总结：建筑材料行业缺少"护城河"，但因有运输半径限制，在局部区域有议价权，行业的总体长期投资回报较为一般。

建筑材料行业包括水泥和玻璃等子行业。以最大的水泥行业为例。水泥行业是完全竞争市场，其产品并无差异化，所以水泥行业的投资回报并不高。在行业景气度较差时，该行业可能有一半以上的企业是亏损的。这主要是因为水泥厂的前期投资较大，行业资产重，在行业景气度较差时，企业难以快速退出。水泥行业有一个不同寻常的特性(也包括玻璃行业)，就是产品有明显的运输半径。就水泥而言，公路运输的合理运输半径为200千米，铁路运输的合理运输半径为500千米，水路运输的合理运输半径为1000千米。可见，水泥厂的地理位置在一定程度上能够带来成本优势。虽然随着环保监管的加强，很多不能达到环保指标的企业将被关停，行业竞争减少，但是，长期来看，行业的总体长期投资回报较为一般，而善于控制成本的公司有竞争优势。

玻璃行业的情况与水泥类似，这里不再赘述。

总体来说，建筑材料行业缺少"护城河"，但因有运输半径限制，在局部区域有议价权，行业的总体长期投资回报较为一般。

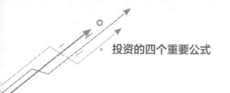

4. 轻工制造

一句话总结：轻工制造行业基本上是有品牌效应的，可能会演化为双寡头格局，投资行业龙头会得到不错的回报。

轻工制造的内涵较为丰富，包括家具、文具、饰品等行业。这些行业基本上是有品牌效应的，可能会演化为双寡头格局，因此通常投资行业龙头会得到不错的投资回报。

家具行业的上游是木材、五金等材料行业，其产品无差异化，基本上是完全竞争的行业，定价能力较弱。家具行业对此类材料需求巨大的企业容易获得定价权。家具行业的下游较分散，经常被家具企业占用资金。传统规模化生产的家具企业可以占用经销商的资金，定制家居企业可以占用消费者的资金。家具企业在财务上体现为低应收账款、高预收款，经营现金流较好。现在正在快速发展的定制家具解决了传统家具的两大问题：库存问题、消费者的空间需求问题。目前，国内家具行业中大多数品类行业集中度不高，行业龙头的发展潜力较大。最后的赢家除了需要具有强大的品牌和良好的口碑，还需要有强大的渠道能力。

文具行业具有类似于家具的品牌效应，但是因为文具的品类小而杂，消费者不会加以仔细区分，所以文具行业的品牌不仅是某个品类的品牌，更是文具所有品类的品牌，这样就使文具品牌具有了类似品类聚合渠道的效应，使文具行业的集中度更高，行业第一远远领先于行业第二。国内文具行业第一的晨光文具也的确体现了这种优势。

饰品行业中，经营昂贵饰品的企业龙头的品牌效应类似于家具行业的龙头，经营便宜小饰品的企业龙头的品牌效应类似于文具行业的龙头。

3.1.9　医药

顾名思义，医药行业是以治病为目标的制药和医疗服务行业。很显然，医药行业的总体需求是非常刚性的，而且和宏观经济关系不大。医药行业受医药技术的进步、普遍生活水平的提高和人口老龄化等因素的推动，行业中的优秀公司的经营稳定性很高，增速确定性高，因此医药行业被人们称为"永不衰落的朝阳行业"。

医药行业的内涵较广，各个子行业之间存在行业属性上的不同，需要分别加以研究和投资。通常，我们把医药行业分为7个子行业：化学原料药、化学药制剂、中药、生物制药、医药商业、医疗服务、医疗器械。

一句话总结：医药行业中，化学原料药和化学药制剂在本质上是精细化工品，但缺少"护城河"；中药本质上是品牌消费品，品牌的长期延续性存疑；生物制药中的创新药拥有专利"护城河"，在一定时间内是垄断的；医药商业存在品牌效应"护城河"，有可能演化为双寡头的行业格局；医疗服务和医疗器械存在明显的品牌效应，有可能演化为多寡头的行业格局。

化学原料药和化学药制剂在本质上是一种精细化工品，其属性当然优于一般的大宗商品，但是缺少品牌效应。除了少数常见病的药剂，比如感冒药剂，不经医生诊断，便可自行购买，可能会形成品牌效应，大部分的化学原料药和化学药制剂还是缺少"护城河"的，所以行业的景气程度取决于供求关系。一般而言，这两个行业的需求相对确定，投资研究的重点在于供给。

中药本质上接近品牌消费品。大多数中药主要起保健功能，较少有品种通过双盲检测，其实际的治疗效果存疑。所以，大多数中药可能只是安慰剂，其品牌的效力取决于消费者的信任，品牌的长期延续性存疑。

生物制药主导创新方向。创新是未来生物医药公司可持续发展最核心的竞争力。如果一个公司在生物制药领域做出有市场需求的创新药，其回报是非常高的。相应地，对创新药的投资也会获得不错的回报率。虽然随着竞争越来越激烈，创新药的投资回报率有可能降低，但仍然很有吸引力。与其他行业不同的是，我们很难预测其他行业的公司十年之后能够开发什么样的新产品，但可以对生物制药的研发管线做出一个概率分布估计。对生物制药公司的研究重点应落在现有产品和在研产品能否产生新的需求上。如果投资者自身在医药行业上的专业性不够，在合理的价格买入了生物制药的板块指数，寄希望于行业的整体创新，也是一种不错的投资方法，长期来看可能获

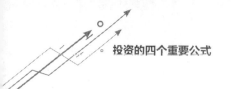

得不错的收益率。医药商业是医药行业的子行业之一，主要负责药品在市场上的流通，是国内医药行业中一支重要的发展力量。医药产品很特殊，人们都要求相应渠道提供质量背书，因此医药商业存在明显的品牌效应"护城河"，有可能演化为双寡头的行业格局。

医疗服务行业的非标准化特征非常明显，存在明显的品牌效应。但是该行业品牌效应的载体——医生有可能自己开诊所，所以更有可能形成多寡头的市场格局。从美国较为成熟的医院管理集团来看，医疗服务行业与医药行业其他细分行业相比，其主要特征是重资产、高杠杆、净利率一般和经营性现金流良好。

医疗器械和医疗服务类似，存在明显的品牌效应。医疗器械的最终消费者是病人，而消费决策者通常是医生，医生习惯于使用同一种医疗器械。因为更换医疗器械对于医生而言不仅没有好处，还需承担风险，可见医疗器械的黏性特别强，最后的行业格局与早期竞争息息相关。

这一节，我们对各行各业的发展做了基础的分析讲解，重点介绍了各个行业所拥有的"护城河"。通过阅读，读者能够了解各行业间的差异。后面三节，我们将在这一节的基础上，分别从网络效应、品牌、城市土地三个"护城河"展开阐述，分析不同"护城河"的奇妙之处。

3.2　网络效应哪家强

3.2.1　怎样的行业会形成网络效应

网络效应是指用户使用某个网络的效用随着网络节点数目的增加而显著增加。也就是说，使用网络的用户数越多，该网络的价值越大，从而吸引更多用户来使用产品，形成一个正反馈，使后来者无从竞争，最终形成自然垄断。

互联网巨头和自然垄断组织其实都符合这样的规律。网络效应通常需要两类人通过平台连接在一起，而且这个平台很难被绕过。平台不被绕过，就是指在这个平台上形成的连接是高度多样的。就好比我们在淘宝上买各种各样的物品，虽然很少只在几家店铺购买，但交易平台始终是淘宝。又好比进行线上学习，如果学员在学习一段时间后取得老师的联系方式，就有可能通过微信等社交平台与老师线下联系了。这种学习平台在稳固程度上，就大大不及电商平台。

在互联网行业中，有大量的商业模式具有网络效应。如果某种平台能够做出差异化，比如手机的操作系统，能够分出高端和中低端，就会形成两类平台：iOS和安卓。这两类平台的用户量比例约为17%和83%，如果不能形成差异化，就会形成单个自然垄断的平台。

3.2.2　网络效应的数学规律

上面我们提到的各种强大企业背后，网络效应都对其发展起着作用。那么是否有一个简单有力的公式，能够概括网络效应的实质？能够解释过去人类历史中那些辉煌璀璨的巨头的产生，并试图预测未来的巨头？

互联网时代之后，为了研究互联网企业的规律，以太网发明者、互联网先驱罗伯特·梅特卡夫(Robert Metcalfe)1973年提出了一个非常有竞争力的数学模型——梅特卡夫定律。梅特卡夫定律指出，网络的价值与网络的节点数量的平方成正比，用公式表述就是$V=K\times N^2$，其中V代表一个网络的价值，N代表这个网络的节点数，K代表价值系数。所以互联网的价值在于将越来越多的节点连接起来。而节点越多，潜在存在的连接数越多。如果节点数是N，其中存在的连接数就是$N\cdot(N-1)/2$个。事实上，梅特卡夫定律的确在解释无数互联网案例时都有着极强的说服力。

2014年，梅特卡夫教授自己发表了一篇论文，用Facebook公司的用户数据和财务数据对梅特卡夫定律做验证，发现Facebook的收入和其用户数的平方成正比。中国研究者也做了类似的研究，验证了腾讯的收入和其用户数的平方成正比。

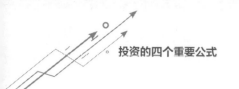

在互联网领域，电商平台连接的节点不是一样的，分别是店家和买家，连接数就等于店家数乘买家数。电商平台和前面的社交网络公司稍有不同，但"护城河"的本质基本一致。

3.2.3　网络效应的分类

网络效应，顾名思义，像一张网一样连接在一起，所以网络效应一定有连接。如果把万事万物分成人、物和信息的话，那么这样的连接可以分为以下几种。

1. 人和人的连接

人和人的连接，本质就是人与人之间的交流。

在没有互联网的时候，人与人的连接曾通过电话、电报或者书信，甚至人与人之间的口头交流来实现。互联网时代，人与人的连接通过社交网络来实现，如腾讯的微信和QQ。社交网络的价值和连接数的平方成正比。

而社交巨头都有亿级、十亿级的用户数量，天然具备极强的网络效应。当然，熟人之间交流最多，因此熟人社交网络的网络效应最强，社交网络的转换成本极高。熟人社交网络在各种互联网公司中几乎是自然垄断能力最强的，这在全球性巨头Facebook和国内的腾讯旗下的微信、QQ上体现得非常明显。

2. 人和物的连接

人与物连接的突出表现是电子商务和金融。电子商务是典型的双边网络结构，同一个平台连接买家和卖家，随着客流的不断增长，商家提供更加多样化的产品与个性化服务，商家与消费者形成良好互动和正向循环，进而形成供应商和消费者的网络效应。而金融也容易形成网络效应，表现为支付平台和资管平台(未必称得上平台，只有其中非标化的部分能够称得上平台)。但是，因为央行和其他金融监管部门的出现，金融行业的自然垄断性质如今已经大大削弱。

3．人和信息的连接

人与信息的连接可以分为搜索和信息流两个阶段。

搜索是人找信息。参与信息搜索的人越多，信息输出结果更优化，更具备网络效应。搜索引擎主要依靠网络机器人通过网络上的各种链接自动获取大量网页信息内容，并按规定的规则分析整理而形成。谷歌的搜索引擎是一个更典型的数据网络效应的受益者。用户每次点击一条搜索结果里的连接，都是在为谷歌提供训练数据来改进搜索结果的排序。比如一个突发事件导致大量的新闻报道，谷歌的海量用户通过点击把质量最高的报道很快"推选"出来，而小的搜索引擎就做不到，或者需要更长的时间。

信息流是信息找人，即建立在大数据和推荐算法基础上的针对个人的个性化推荐应用。目前，该领域以今日头条为代表。今日头条通过数据计算分析，为客户提供更个性化的高质量推送，从而进一步增加用户的价值。今日头条通过算法和数据，构建了明显的网络效应护城河。

事实上，还存在另外一种人和信息的连接——人和抽象的信息即语言的连接，也就是人与操作系统的连接。操作系统给人们提供一个编程的界面(包含各种编程语言环境)，让开发者可以在界面中提供应用，连接了开发者和编程语言，也连接了应用和消费者，最终连接了消费者和开发者(擅长编程语言的人)。

5G不仅可以实现网络世界从"二维"到"三维"的转变，还能让虚实对接更精准。比如，今后的导航不仅会提示您哪条路拥堵，还会提示是第几条车道拥堵；您在观看直播买衣服的过程中，甚至可以拉近看到衣服有没有拉丝起球；在社交平台上，您可以实现与亲友360度的视频交流；等等。

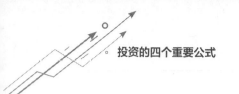

3.3 品牌印钞机

3.3.1 品牌来自快乐

我们要证明品牌效应的存在，就要找到品牌存在的原因。**品牌很多时候和快乐联系在一起**。例如，食品饮料公司能够让消费者将享用产品之后快乐的感觉和品牌联系在一起，今后当消费者一看到品牌的名字，就能感觉到快乐，这样，公司建立了品牌效应，就可以轻易获得品牌溢价。

总体来说，品牌来自感觉。

感觉分为5种，即视觉、听觉、味觉、嗅觉、触觉。如果加上"理智"，就是佛教所说的六尘——声、色、香、味、触、法。宇宙的本质就是能量、物质、信息周而复始的运动或变化。能量按照内外，分为声、色；物质按照内外，分为香、味；信息按照内外，分为触、法。据此，我们把品牌也分为三大类：一为声色系，主要是时尚奢侈品和运动品牌；二为香味系，主要是食品饮料和餐饮；三为触法系，主要是消费电子和家电。

这三类品牌第5章都会做详细解析。

3.3.2 双寡头还是四大天王？

如果一个行业里的公司能够让消费者将消费之后的快乐感觉，或者对质量的信任和品牌联系在一起，就能够形成品牌"护城河"。在第1章中，我们了解到，品牌是较强大的一种"护城河"，可以理解成聚集在线上的网络效应。

以最出名的双寡头可口可乐、百事可乐为例，它们的产品线和口感基本相同，但是品牌形象有所区别。可口可乐是最早的可乐公司，品牌形象是经典、正宗，广告词是"real thing"。百事可乐曾是后期的挑战者品牌，在大众消费品中的影响尤为明显，品牌形象是新潮、有活力。因此，可乐行业的品牌形成了从"经典"到"新潮"的连续谱(本质上是一条线)。从BA公式来理解，BA公式在线上做了一次积分，连接数分布$P(k)$具有幂律特征的幂次变为-2，如果不算进一步的竞争，就行业规模而言，第一位：第二位：第三位…… = $1 : (1/2)^2 : (1/3)^2$……。

品牌"护城河"在消费品行业尤其有威力，**这些行业通常会形成双寡头的格局**。例如空调行业的格力电器和美的电器、饮料行业的可口可乐和百事可乐。品牌在一些非标准化的2B行业也非常显著，例如通信设备行业就呈现华为和中兴通讯的双寡头格局。

品牌护城河的本质可以理解为不同定位(一条线)上的社交网络效应的集合，对应BA公式中主要公式的积分。因此，双寡头的用户量比例约为40%和60%。现实中，双寡头中领先者和跟随者的利润比例大致与此相同。

而有的时候，某些品牌会沉淀在员工个人身上，如"行业巡礼"一节中提到的券商投行、研究所的员工等。还有一些知名律师、知名会计师、知名医生完全可以靠个人品牌自立门户，获得超额收益。可见，双寡头的行业格局并不稳定。**而人的大脑在同一品类里只能记得四五个品牌，所以这些行业享受最高声誉的公司(或者个人)，也就是所谓的一线公司，一般也就是四五个**。我们通常所说的"四大投行""四大事务所"，乃至娱乐圈的"四大天王""四大花旦"都是同样的道理。

3.4　城市土地的价值

具体来说，城市人口聚集的规律也符合城市规模分布的Zipf法则。在一个国家，其人口数量排名第二的城市是人口数量排名第一的城市人口的1/2，排名第三的城市是人口数量排名第一的城市人口的1/3……根据Zipf法则，我们可以拟合中国各城市人口数据，发现还有聚集人口潜力的城市。知名知乎作者chenqin使用了2010年的中国人口普查数据中的中国各地级市市辖区的城镇人口数量对Zipf法则进行拟合，结果显示拟合效果非常好，拟合优度达到

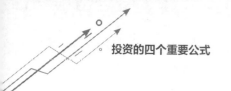

0.95。从拟合结果看，在人口数量少于300万以下的城市中，Zipf法则严格成立，而在人口多于300万的大型城市中，实际人口要低于公式拟合的结果。基本上，人口越多的城市低于预测结果越明显。也就是说，我国的特大城市人口还有一定的增长空间。2010年，我国人口增长空间排名前十分别为上海、北京、重庆、深圳、广州、天津、武汉、东莞、佛山、成都，其人口增长空间如图3-2所示。当然，此处测算的是我国所有城市人口都以一个同分布的随机速度增长后的结果，而不是不同城市的要素聚集带来的对人口的吸引力，所以部分城市的数据和实际情况会存在差异。可见，其中的一些核心城市的土地还有升值的空间。

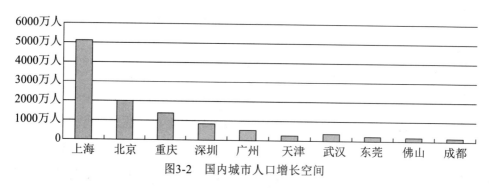

图3-2　国内城市人口增长空间

　　作者所居住的城市上海就是人口较多的城市，也是全球人口较稠密的大都市。上海将这种聚集效应体现得淋漓尽致，上海如今仍在高速发展。我在此简要分析上海成为中国第一大城市的原因。

　　中国是全球人口最多的国家，而且民族、语言较为单一，是真正的统一市场。按照经济学家Adam Smith的Smith定律，统一市场越大，市场分工越细化，生产效率就越高。所以，中国是全球市场中生产效率最高的。2000年来，中国一直是全球上人口最多、最繁荣的国家。

　　上海的聚集效应有历史方面的优势。在近代历史上，上海是中国与世界各国交往最多的城市，是中国对外开放的最大的窗口，它不仅仅是我国对外贸易的出海口，也是国际投资的重要集聚地。

　　上海的聚集效应有地理方面的优势。首先，上海是一个大海港，又位于中国最大水系长江的入海口南岸，长江是进入中国内陆的重要通道，而上海在长江三角洲则占据着重要的地缘政治地位。另外，北半球的大河南岸淤泥较少，港口位置较好，有利于发展江海联运。更重要的是，现代的海运单价比陆运便宜一个数量级，故靠海的港口最容易产生人口的聚集。其次，上海港腹地广阔，有利于港口物资集散能力的扩大。因此，从市场角度来说，上海拥有全国最好的地理位置，某种意义上也拥有全球最好的地理位置。

上海的聚集效应有城市规划方面的优势。从上海的第一条地铁线路1993年开通以来，上海地铁已经有14条线路，这是目前世界上范围最大的地铁网络。目前，上海还有多条新的地铁线路在建或扩建。上海在规模最大、增长最快的城市人口面前时，其基础设施和提供的生活质量是游刃有余的，而这一切都是在短短三十年的时间里完成的。上海的人口规模在未来会超过大部分全球大都市，这也是上海的优势所在。世界历史上从未有过如此规模的城市化，上海给国内外各城市提供了能行得通的大规模城市规划的最佳范例。

——————————— 第 4 章

"护城河"行业之互联网

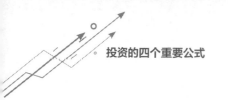

本章将从第1章中的BA公式出发，对网络效应"护城河"做详细的分析。首先，我们详细解析最重要的互联网行业；然后，给出互联网行业的"护城河"的基本特征；最后，给出投资这些行业的建议，其中包含一些对未来预测的内容。本章目标是使读者能够理解网络效应和互联网行业投资的各个方面。

4.1　互联网的主界面

在第3章中，我们了解到网络效应可以大概分为三类，首先是人和人的连接，其次是人和物的连接；再次是人和信息的连接。

总结起来，网络效应在互联网行业的**社交网络、电子商务和信息搜索分发平台**体现得最为明显，因为互联网行业各个节点之间的互动和连接更多；新节点的加入更能增加节点的价值。网络效应毫无疑问是所有"护城河"中最强的一种。所以，互联网行业是商业社会中投资回报率最高、造富速度最快的行业。深入研究互联网行业是非常值得的。

虽然互联网投资(包括创业)有如此多的好处，但是在摩尔定律①推动下，消费电子的发展、互联网的技术进步飞快，每当有新的硬件平台或者新的互联网界面出现，都有可能产生新的互联网巨头，淘汰上一代巨头。所以，我们先解析一下互联网界面演变的逻辑。

---

① 摩尔定律从半导体行业中总结出来，是指在相同价格下，集成电路上可容纳的晶体管数目约每隔18个月便会增加一倍，性能提升一倍。

4.1.1 交互决定界面

互联网本质上是人和信息交互的界面。主流人机交互界面如图4-1所示。交互的方式决定了界面的具体形态。"交互"即信息的输入和输出，而信息的输入和输出是有难易区别的。从人的5种感觉视觉、听觉、嗅觉、触觉、味觉加上脑子里的想法出发，信息的输入和输出的难易如下所示。

人对信息的输入(从易到难)：视觉、听觉、嗅觉、触觉、味觉、想法。

人对信息的输出(从易到难)：想法、触觉、听觉、复杂的触觉(键盘)。因为人很难自己释放丰富的嗅觉、味觉信息，这里不做排序。

图4-1 主流人机交互界面

在此，有必要对其他排序做一些解释。

人对信息输入中视觉排在第一位，这是因为人对信息的输入70%来自视觉。视觉既直观又丰富，其对具体信息的准确呈现超过其他的感觉。而想法排在最后是因为想法需要耗费时间理解，是一个思考的过程。

人对信息的输出中想法排在第一位，这是因为想法的范围很广，包括

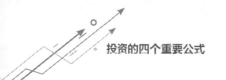
情绪偏好和注意力，但是现在的电子仪器尚不能准确地识别某个人的某种想法。复杂的触觉是想法和触觉的叠加，比如打字、操纵杆操纵等行为。

因此，现在主流的消费电子产品是智能手机和计算机。智能手机是视觉(听觉为辅)接收信息，触觉操控界面，但简单触觉操控的精度有限；计算机是视觉(听觉为辅)接收信息，复杂触觉操控界面，而复杂触觉操控可以精确地操控界面。

上面提到，人对信息的输出最简单直接的方法是通过想法；人对信息的输入最简单直接的方法是通过视觉。所以**最方便的人机交互是传感器先识别人类的脑电波，操控界面，然后视觉呈现结果**(最方便的就是眼镜成像，见图4-2)。

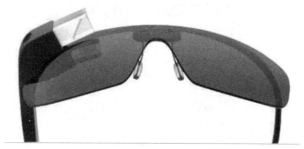

图4-2　疑似新一代人机交互平台——眼镜成像

虽然深度学习解码脑电波合成语音技术已经达到一定水准，但脑电波操控的精度始终有限，所以未来人机交互的界面应该还是与手机的交互界面类似。

4.1.2　界面决定格局

目前的主流界面大概可以分为PC界面、移动界面、语音界面三类。这些界面的不同带来了互联网行业的格局的不同。

1. PC界面

PC界面是视觉(听觉为辅)接收信息，复杂触觉操控的界面。因复杂触觉操控可以精确地操控界面，便形成了以浏览器上网为主，使用网站时以搜索为主的格局。

2. 移动界面

移动界面是视觉(听觉为辅)接收信息，触觉操控的界面。因简单触觉操控的精度有限，便形成了以App为主的格局。使用App时以"刷"("刷"是指尖接触屏幕的动作，是被动接受App推送的信息的方式)为主。

3. 语音界面

语音界面是听觉接收，语音操控的界面。因语音界面只能有线性的信息流，操控的精度非常有限，便形成了以App为主的格局。

4.2　社交网络之魅

社交网络所形成的网络效应"护城河"是所有互联网中最强的，高于电子商务和信息搜索分发平台。该行业的核心能力为产品能力。社交网络产生的连接数大于电商和信息搜索分发平台等其他应用，而且连接的强度较高。社交网络分为很多种，下面为大家做出详细的分类和解析。

4.2.1　熟人社交

社交多半发生在熟人之间，**熟人社交是社交网络市场中市场空间最大的**。前面提到，社交平台有很强的网络效应"护城河"，最终形成自然垄断的格局。国内市场中，PC端的QQ和移动端的微信(同属腾讯控股)一家独大，几乎没有竞争对手。海外市场中，Facebook也是一样。微信有10亿用户，Facebook有26亿用户，并且两个软件的用户重合较少，而全球互联网用户也不过只有40亿人。微信和Facebook的用户几乎等于全球互联网用户，其渗透率远远超过其他互联网应用。那么是什么决定了社交巨头的成败？答案便是网络效应。下面从QQ和Facebook入手，分析网络效应是如何形成的。

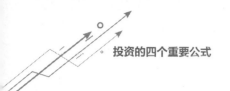

孕育QQ的马化腾团队的确是国内早期做社交软件的一批人，但是QQ也不是国内最早的社交软件，甚至QQ的早期版本OICQ就是模仿当时已经存在的社交软件ICQ^①的产物。那么，资源很少的OICQ是如何战胜前辈，成为社交网络最终的王者？我们从腾讯官方传记《腾讯传》，结合网络效应"护城河"形成的角度，能够做出很好的解答。

从《腾讯传》的内容中，我们了解到OICQ胜出的最重要原因就是率先推出了好友通讯录网络保存的功能。由于当时国内和海外用户的上网习惯非常不同，国内用户主要是在网吧里上网，没有固定的上网电脑，好友通讯录本地保存的功能对其并不适用，而QQ通讯录整合"云备份"功能，用户可以直接通过这两款软件实现手机通讯录的网络存储和跨平台同步，只要QQ账号不丢失，上传至网络的手机通讯录等资料"永不丢失"。QQ是市场第一款真正拥有网络效应的社交软件。此后，QQ在缺少推广的情况下，初期的注册用户实现指数型增长，最终成为PC时代的国内社交网络的王者。

和QQ不同，Facebook是在市面上已经有用户量非常大的社交软件的情况下发展起来的，所以，Facebook的胜出更加令人好奇。是什么让Facebook战胜了对手？ 通过案例研究，我们发现Facebook的对手(Friendster和MySpace)都犯了一些严重的错误。Friendster和MySpace的失败在很大程度上归咎于严重的技术问题和社会问题。一些企业内部外部的问题使得社交网络形成的过程受到了阻碍。

Friendster是熟人社交网络的鼻祖。在2002年推出后的几个月，其用户就达到了300万人。2003年，注册用户量翻番，达到800万人。2008年，Friendster达到自己的巅峰期，注册用户量超过1.15亿人。Friendster失败的主要原因是用户体验差和运营失误。一是由于Friendster注册人数超过了服务器负载的规模，2004年其网站加载速度慢，甚至无法登录，使得很多用户不满。另外，Friendster的用户可以自由修改网页，导致网站的整体外观混乱，

---

① ICQ是一款即时通讯软件，由以色列公司Mirabilis于1996年11月16日推出。OICQ模仿ICQ，在ICQ前加了一个字母O，意为opening I seek you，意思是"开放的ICQ"，被指侵权后，OICQ改称QQ。

也导致用户体验较差。二是运营失误。为了解决用户激增导致的技术障碍，Friendster开始对用户行为进行限制，以便减负。由于Friendster连最基本的用户体验都无法保证，自然不会形成网络效应。

MySpace的失败也同样值得研究。MySpace在过往相当长的一段时间内，是绝对的统治级社交产品——从2003年创立，到2007年占据了全美社交网站流量的80%，MySpace名声大振。寻求转型的默多克新闻集团在同一年花了5.8亿美元才将其收入囊中。新闻集团开始在"护城河"并不稳固的情况下，大规模地投放广告，不承想降低了用户体验，导致Facebook后来居上。另外，MySpace在用户隐私、儿童安全上的问题也破坏了网络效应。

4.2.2　陌生人社交

陌生人社交主要是陌生人之间基于共同爱好的社交。人类比较常见的陌生人社交需求包括线下的聚会社交、线上的荷尔蒙社交、线上基于一定主题内容的社交。

按照目前的状况，线下的聚会社交通常是通过线下餐饮聚会或者其他聚会来满足的。由于味觉还没有电子化，短时间内，聚会社交不太有机会单独做一个社交平台。

独立的荷尔蒙社交平台在国内主要是陌陌、探探，国外主要是tinder。很显然，荷尔蒙需求是不太方便在熟人社交平台微信上去满足的，因此荷尔蒙社交平台有存在的空间。并且陌陌定位清晰，避开了与微信的竞争，与微信一起，成为移动社交网络的赢家。此类平台最合适的变现方式是直播。为什么直播是特别适合此类网站的变现业务呢？一是因为熟人之间不需要直播，我们天天在现实中给熟人"直播"自己的生活，直播只是陌生人之间的游戏；二是因为荷尔蒙社交平台的直播拥有相关的关系链，在直播上有独特的优势；三是因为直播解决了陌生人社交常见的虚假账户问题(能够通过直播验证真假)，使得独立的荷尔蒙社交平台更有价值。

线上基于一定主题内容的社交一般只能吸引这类主题的爱好者，因此用

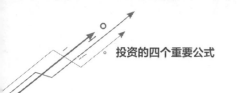

户量有限，难以形成规模较大的社交平台，一般是形成一个特定的社区。例如，雪球网在股票投资爱好者中具有较大影响力，在雪球网上开展证券业务或者进行基金销售效果都不错。

4.2.3 年轻人逃避父母社交

逃避父母的社交肯定不能用常见的熟人社交平台了。于是乎，国内外年轻人选择了不同的渠道。国外用户选择了Instagram和Snapchat，这两家的功能重叠，由于网络效应，应该只能有一家长久发展。根据现在的形势，较大可能是Instagram。为什么Instagram在国外做得风生水起而类似的图片社交在国内却做不起来？只是Instagram定位了一批新的用户，满足了年轻人逃避父母社交的需求，而国内的QQ已经满足了这类需求。

4.2.4 明星粉丝社交

明星粉丝社交平台是主要为了满足粉丝和明星沟通交流需求的社交平台，如国内的新浪微博、国外的Twitter。

在微博出现之前，博客已经非常流行。简单来理解，微博就是在博客的模式上加入文字少于140字的篇幅限制而形成的新商业模式。在内容方面，互联网的总体规律是短比长好，"越短越好"。原因有两点：一是短的内容容易集中展示，易于形成拥有多样化内容的界面；二是短的内容降低了创作的门槛，内容来源多样。从博客到微博的进化正是"越短越好"的经典例子。Twitter在美国推出微博模式后，很快获得了比博客更大的成功。新浪、腾讯等国内的互联网企业也迅速开始模仿。其中，新浪微博率先认识到微博明星粉丝社交平台的本质，依靠新浪门户网站时代积累的大量媒体资源，招揽了很多明星，率先实现了明星和粉丝之间的网络效应，占据了明星粉丝社交平台的生态位。腾讯虽然拥有比新浪更多的用户，但是腾讯微博在早期没有注重招揽明星，虽然一度也拥有不少用户，但依然走向没落，最终停止运营。

在细节上，国内的新浪微博和海外的Twitter还是略有不同的。国内的主流熟人社交平台微信非常注重个人隐私，我们无法在朋友圈内直接关注明星。而在海外的Facebook和Instagram上，大家可以很容易在类似朋友圈的功能里面关注明星，分流一部分Twitter的需求。因此，新浪微博的竞争地位相较Twitter更为稳固。

4.2.5　工作社交

有时，工作社交与熟人社交并不冲突。工作社交大部分用微信和QQ就解决掉了，有时用到邮箱，不过邮箱没有形成真正的网络效应。而LinkedIn的本质更接近于电商，钉钉的功能与微信有重合，预计不会变成主流的工作社交方式。

4.3　一网打尽——电子商务

和社交网络一样，电子商务的网络效应"护城河"也是明显的。该行业的核心能力为线下管理能力。消费者对商品的需求是非常多样的，如果平台是免费使用的，且服务质量类似，那么消费者基本上肯定选择品类最多的电商平台。卖家为了能够获得最大的收入，肯定也会优先选择消费者最多的平台。所以，最大的平台很容易形成正反馈，获得自然增长，进一步巩固自己的竞争优势，最终形成一家独大的自然垄断的格局。简单来说，电商可以分为实物类电商(淘宝、京东、拼多多)和服务类电商两大类，而实物类电商分为综合类电商和推送类电商。

4.3.1　综合类电商

在1.4.2节中提到："在互联网行业中，有大量的商业模式具有网络效

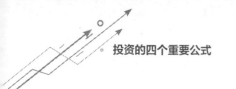

应。如果某种平台能够做出差异化，比如手机的操作系统分为高端和中低端，就会形成两类平台：iOS和安卓。两类平台的用户量比例约为17%(由于第一位占比过大，其他的组织会自发地联合起来与之对抗，才能生存)和83%。如果某种平台不能形成差异化，就会形成单个自然垄断的平台。"在国内，电商行业正发生了类似的情况。作为原先第二大电商平台，京东因为是自营电商平台，其质量相对于第一大电商平台淘宝有优势，所以形成了高端的电商平台。大家在购买对质量、物流要求高的品类(如家电)时，可能会优先考虑京东。在京东鼎盛的时候，京东和淘宝平台的用户量比例约为17%和83%。不过，总体来说，电商是很难做出差异化的。随着淘宝旗下天猫的崛起，京东和淘宝两个平台的质量和物流服务的差距变小，京东的前景并不乐观。

淘宝并不是国内最早推出的电商平台。淘宝推出之前，eBay曾经占领国内80%的市场份额，似乎其地位很难挑战。那么淘宝是如何战胜强敌，成为最大的电商平台的呢？一是淘宝实行免费的模式来争取市场。而eBay一直是收费模式，不仅交易成功要收取2%的手续费，上架一个商品也要收1~8元的上架费用。二是第三方担保交易平台支付宝的助力。当时电商刚刚起步，卖家的诚信问题得不到解决，限制网络效应的形成，因此市场需要第三方担保交易平台。用户在网上购物时，支付购物款给第三方平台，等到用户确认收到货物后，第三方平台再把钱给商家，这样能够很好地解决卖家的诚信问题。支付宝作为第三方支付平台渐渐具有了明显的网络效应，助力了淘宝的发展。

4.3.2 推送类电商

淘宝和京东都是主动搜索型的电商，那么有没有像今日头条那种主要推送信息的购物平台呢？当然有，它就是异军突起的电商巨头——拼多多。拼多多从一开始就有意识地主动地做以推送信息为主的电商，这也是该公司的立身之本。不过淘宝也有不少商品是主动推送的，所以拼多多的潜在发展空间也是一个未知数。

4.3.3　服务类电商

除了前面提到的实物类电商之外，服务类电商也是非常重要的。随着定位功能的发展，服务类电商快速发展。分类来看，饮食类的外卖电商、出行类的出租车呼叫(共享单车)服务电商、住房类的线上看房租房服务电商、娱乐类的电影票电商都是服务类电商的典型代表。在这些行业中，外卖电商、电影票电商提供的服务都有一定的多样性，有可能形成自然垄断的行业格局。

下面我们以这些行业中，已经在取得领先优势的"滴滴出行"(简称"滴滴")来分析。观察滴滴的早期历程，我们发现，滴滴的成功之处在于定位准确，**就是做出租车服务，**连接了出租车和乘客，利用了原先就有的服务体系，率先形成了品牌效应。而很多创业者选择专车作为切入口，就没有这样的效果。但是，由于出租车和专车形成的服务缺少多样化，很有可能不存在网络效应，有可能出现其他的竞争对手，最终形成类似美国Uber和Lyft两家巨头的竞争格局。

4.4　真实的琅琊阁——信息搜索分发

电视剧《琅琊榜》中有一个神秘的情报机构——琅琊阁。琅琊阁素来号称"衡量天下大事，盘点世间英雄"。其经营模式是，有求之人写上所求之事及信息，琅琊阁会在三日内给出具体报价，由欲买之人自行决定是否购买。而信息搜索分发平台就像我们现实中的"琅琊阁"，且通常不用付费。

在信息搜索分发行业中，综合搜索和综合信息分发平台是主流的，但其他各种媒介的专业平台也很有生命力。该行业的核心能力为算法能力。按照媒介形式，信息搜索分发行业还可分为短图文平台、长文字平台、长图片平台、短视频平台、长视频平台等。

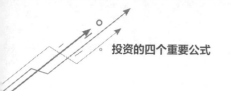

1. 综合搜索平台

综合搜索平台是互联网最经典的商业模式。互联网中存在大量的信息，但是这些信息本身的秩序较差，所以，如何在这些纷繁复杂的信息中发现自己需要的信息成为一大难事。综合搜索平台也就应运而生了。综合搜索平台帮助用户搜索相关的信息，然后通过广告获得盈利。

与社交网络和电商平台一样，综合搜索平台也具备网络效应的"护城河"。用户在选择搜索平台时，通常只会考虑信息最全的综合搜索平台，不会考虑其他哪怕是第二名的平台。这样的网络效应使得提供信息的开发者只会重点经营最大的平台，最终的结果就是综合搜索平台一家独大。事实上，海外的谷歌和国内的百度在各自的市场也的确形成了自然垄断的格局。以谷歌为例，谷歌首先发明当时最好的搜索算法PageRank，然后在早期投资人、记者出身的Moritz的启发下，开始广告变现，从而成为行业巨头。

2. 综合信息分发平台

我们知道，我们在手机上打字搜索的难度其实比在个人电脑上的要大。所以，在手机上较少使用手机进行搜索，而触屏操控让"刷"信息的行为变多。所以，独立的综合信息分发平台出现了，国内的今日头条就是典型代表。今日头条早期从一个小的角度——搞笑领域的内涵段子App切入，并在手机的渗透率快速提升时，以很低的推广费用进入市场。

3. 短图文平台

在图文平台中，短图文平台的价值最大。短文字平台需要人为对字数做出限制，例如微博限制一条状态140字。单条状态的字数变少了，人们能够看到更多的状态，加上评论和回复功能，使得平台具有很强的社交属性。例如国内的新浪微博、国外的Twitter。

4. 长文字平台

根据内容"越短越好"的原则，很明显，长文字平台内容太长，网络效应不明显。长文字平台在某种程度上会演化为读书平台。例如，社交巨头腾讯出手布局，与原盛大文学整合，成立了阅文集团，旗下包括起点中文网、红袖添香、潇湘书院、小说阅读网、言情小说吧等一众网文阅读品牌，以及起点读书App和QQ阅读等App，已经成为网文平台的领跑者。腾讯虽然布局阅读平台较晚，但是流量的优势太过明显，成为最后的整合者。事实上，腾讯在国内的泛娱乐领域中都有优势。

5. 长图片平台

长图片平台也就是漫画平台，目前该市场还属于非常早期阶段，无法做过多评价。根据内容"越短越好"原则，该行业投资价值不是很大。

6. 短视频平台

在视频平台中，根据"越短越好"的原则，短视频平台的价值最大。短视频平台需要人为做出时间的限制，例如抖音限制一条视频15秒(或者17秒)。因为单个视频的时间变少了，所以"刷"起来很方便。

为什么短视频平台限制一条视频15秒(或者17秒)？这与音乐中的耳虫现象①有关。耳虫现象中的音乐时长在10~15秒，这也正好是一个短视频的时长。一般情况下，人在注意力低下的时候，大概率会出现耳虫现象。当用户刷视频时听到这些"耳虫"音效时，就会形成条件反射，激发出一些特定的情绪，从而形成对内容的特定的期待，更有可能拿起手机，下意识地刷短视频。

很显然，短视频平台是具有网络效应的，最后有可能会形成自然垄断的格局。目前，国内已经形成了快手和抖音两家巨头。

7. 长视频平台

长视频平台非常特殊，优质的长视频内容的开发成本是非常高的，能够

---

① 耳虫现象，学名叫非自愿的音乐意象(involuntary musical imagery，INMI)，是指人体产生的一种无意识的音乐想象。例如当人反复听到一首歌曲或旋律的时候，脑海中会不断出现这种旋律，旋律挥之不去，无法自行控制。

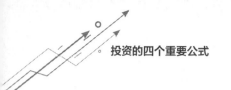

长期生存的长视频开发商数量有限。而且，在某个时间段，大部分观众看的都是少数几个电视剧或者电影。因此，长视频平台不具备真正的网络效应，无法一家独大。更重要的是，国内的长视频平台的内容都需要国家广播电视总局审核，无法实现真正的长尾化和差异化，格局并不好。

8. 番外篇：线下广告

有一个行业——线下广告，虽然它不属于互联网行业，但是长期被认为有互联网行业的特征，我们在此也解析一下。虽然少量的线下楼宇广告的价值不大但当足够多的终端广告联合在一起，形成一个覆盖受众必经途径的网络后，就会发生一个跳跃式增值。对物业公司来说，广告服务难以量化，通常根据品牌来选择服务商，具有品牌效应"护城河"。虽然广告内容是多样化的，但线下广告没有网络效应"护城河"。

例如，国内线下广告龙头——分众传媒的净利率超过40%时，笔者曾判断长期看分众传媒的净利率会降低。主要原因是，虽然分众传媒的毛利率、净利润率非常高，但只有在自然垄断的情况下(对比互联网公司)，才可以达到如此高的毛利率和净利润率，而分众传媒没有这样的影响力。

自然垄断在什么情况下才能成立？只有某个行业用户主动去寻求多样化的内容，而且这些多样化的内容无法被一个企业所提供，供给需求双方才能够形成一个平台。然而在电梯媒体行业，用户并未主动地去寻求多样化的内容，而是被动接受了内容。对于消费者(即业主)来说，"分众"两个字并没有什么吸引力。对于真正做决定的物业而言，虽然"分众"是个可靠的品牌，但是物业自己并不主动寻求多样化的广告。所以，预计分众传媒前几年市占率极高的市场格局在未来无法延续，未来利润率较大可能跌到30%左右。这个观点也已经被该公司的后续财务表现所验证。

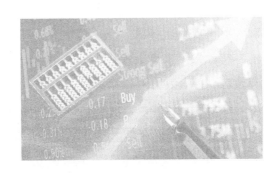

——————————— 第 5 章

"护城河" 行业之品牌消费品

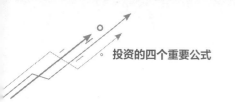

本章将从第1章中的BA公式出发，对品牌效应"护城河"做出详细的分析。笔者先详细解析一些主要消费行业，给出品牌消费品行业"护城河"的基本特征，紧接着指出投资这些行业的机会。本章目标是使读者能够理解品牌效应"护城河"和品牌消费品行业。

在第3章3.3节中，我们已经了解到品牌的价值在于能够唤起用户大脑里的多巴胺(快乐)。食品的品牌能够让消费者唤起大脑里关于食物的多巴胺(快乐)，产生购买某种品牌消费品的欲望。乃至一看到品牌的名字，就能感觉到快乐。因此，拥有品牌的公司就可以轻易获得品牌溢价，获取超额利润。而且，品牌效应带来的超额利润将使公司有更大的能力投入广告和研发，进一步巩固品牌地位。

品牌的护城河作用仅次于网络效应，可以理解成聚集在线上的网络效应。以可口可乐、百事可乐为例，其产品线和口感基本相同，但是品牌形象有所区别。可口可乐是最早的可乐公司，品牌形象是经典、正宗；百事可乐是后起的挑战者品牌，品牌形象是新潮、有活力。因此，可乐行业的品牌形成了从"经典"到"新潮"的连续谱(本质上是一条线)。品牌护城河的本质可以理解为不同定位(一条线)上的网络效应的集合，对应BA公式中主要公式的积分。从BA公式来理解，就是BA公式在线上做了一次积分，连接数分布$P(k)$具有幂律特征的幂次变为-2，如果不计进一步的竞争，行业中各公司就BA公式中的节点一样，就规模而言，第一：第二：第三⋯=1：$(1/2)^2$：$(1/3)^2$⋯。

品牌"护城河"在消费品行业尤其明显，这些行业通常会形成双寡头的格局。 例如空调行业的格力电器和美的电器，可乐行业的可口可乐和百事可乐。品牌"护城河"在一些非标准化的2B行业也非常显著，例如通信设备行业的华为和中兴通讯。可以将品牌"护城河"理解为不同定位(一条线)上的社交网络效应的集合，对应BA公式中主要公式的积分。因此，双寡头的用户量比例约为40%和60%。这和现实双寡头中领先者和跟随者的利润比例大致相同。

5.1 吃喝好生意

很明显，食品饮料能够直接带来生理满足感，其需求变动是很小的。**因此，食品饮料品牌的可持续性最强，在品牌消费品里，食品饮料行业是非常值得投资的行业。虽然食品饮料行业的行业格局一般比不上(有一些例外)互联网的行业格局，但是食品饮料行业变化较少，确定性更高。**

5.1.1 食品饮料品牌的价值

世界上著名的食品饮料企业，例如美国的卡夫食品、可口可乐、百事集团、通用磨坊、玛氏和雀巢，从历史上看，所有这些食品饮料企业都是从单一轻度成瘾类食品饮料品牌做起来的。轻度成瘾类食品饮料品牌能够让消费者将品尝之后快乐的感觉和品牌联系在一起，所以可以轻易获得品牌溢价，然后凭借规模优势扩张到其他品类，最后成为行业领军企业。因此，食品饮料品牌的价值是轻度成瘾类食品给消费者带来的满足感。

5.1.2 成瘾类商品有哪些

现在市场上主要的成瘾类商品包括香烟、酒、含有咖啡因和茶多酚的饮料、盐脂混合食品、甜脂混合食品、辣椒。科学家发现，人脑中会分泌多种能让人感到快乐、有安全感和成就感的物质，这些物质统称为"快乐素"。其中的杰出代表有"四大快乐素"：产生快感的"多巴胺"，带来激情的"去甲肾上腺素"，负责取乐和镇痛的"内啡肽"，还有协助我们战胜困难的"催产素"。一般情况下，我们通常心情平静，快乐素的释放水平并

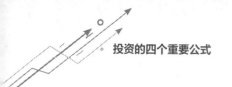

不高。只有当我们做一些特殊的事情，大脑才会奖励自己，增加快乐素的分泌，让人感到快乐。

1. 香烟

香烟是现代商品中成瘾性最强的一种。香烟中的尼古丁是导致烟草成瘾的主要原因。吸烟者将尼古丁吸入肺部，尼古丁可以融入血液，并且透过血脑屏障，很快和中枢神经系统产生反应。位于中脑边缘系统中的多巴胺奖赏回路造成了香烟成瘾，尼古丁能够激活大脑中的尼古丁乙酰胆碱受体，使得大脑释放多巴胺，使吸烟者产生"快乐"的感受。

和大部分成瘾一样，尼古丁成瘾的秘密主要在于大脑中的多巴胺奖赏回路。尼古丁的半衰期很短，有两三个小时。如果一位吸烟成瘾者停止吸烟，体内尼古丁浓度就会迅速降低，就无法继续体验"快乐"，甚至会出现戒断症状。所以，事实上香烟是一种轻型毒品。在成瘾之后，尼古丁带来的快乐已经很少，很多人其实只是为了避免戒断症状的痛苦，才继续吸烟。尼古丁对健康有一些负面作用，例如它可能提高心血管和代谢疾病的发生率。烟草中还有其他有危害的物质，对自身和身边的人都能造成健康损害。香烟的益处非常有限，却会提高多种疾病尤其是肺病的发生率，因此，各个国家都出台减少吸烟的政策。以巴菲特为例，从他的发言中，我们知道巴菲特和他的合伙人芒格曾因为道德因素放弃投资香烟的机会。

巴菲特写道："之前查理和我有机会在得克萨斯州购买一家嚼烟公司。我们看了公司的数据，发现从来没有见过比这更好的生意，但我们最终没有买这家公司，因为我们并不想参与其中。我们从来没有买过对社会不利的公司。

查理最喜欢的公司Costco也卖香烟，但那并不影响我们对这家公司的喜爱。就像我喜欢可口可乐一样，为了喝可乐，我愿意放弃一年的生命。这是我愿意付出的代价，是我的个人选择。你需要做你信仰的事情，并尽自己的本分。对于卷烟问题，我认为征收重税会起到一些作用，但征税也不是完美的解决方案。"

巴菲特和芒格的投资遍布各个行业，却发现从来没有见过比这更好的生意，可见香烟公司多赚钱。但是和博彩一样，投资烟草行业的确在道德上不太光彩。

2. 酒

酒是成瘾性仅次于香烟的一种商品。人类饮酒已经有几千年的历史。人类对美酒如此执著，其实是因为酒精能够刺激大脑的奖赏回路。酒精能与神经元细胞膜上被称为GIRK[①]的一类K+离子通道蛋白(一种控制K+进出细胞的蛋白质)结合，改变细胞膜的内外电位，从而打开"快乐素"释放的阀门。

酒的魔力，就在于酒精能作用于大脑神经细胞，人们无须经过艰苦的奋斗就能获得欢乐、美妙的精神状态。从某种程度上说，人类对美酒的热爱，本质上是对"快乐"的追求。

现在，主流的酒类饮品分为白酒、红酒、啤酒和黄酒等。因为历史文化因素，不同国家的人喜欢喝不同的酒，如中国人特别爱喝白酒。我国很多白酒品牌有数百年的历史。在国内股票市场，白酒类股票的长期投资回报率极高，其中的佼佼者当属高端酒第一品牌贵州茅台。国内大量知名的投资人是通过投资品牌白酒股票获得财富自由的。著名投资人段永平曾经长期持有贵州茅台股票，获得了接近10倍的收益。

段永平曾说："(白酒)好不好喝是关键。茅台已经'好喝'这么多年了，居然有人非说人们买茅台是因为茅台贵，有点像说买iPhone的用户都是为了显摆一样。消费者的眼睛是雪亮雪亮的，只要时间足够长，啥事都能明白。""如果人们明白大部分生意实际上是没啥预收款的时候，人们会很喜欢茅台。""一直很关注茅台的原因是茅台有相当难得的生意模式，便宜得差不多的时候就很有吸引力。对茅台的担心有一点点在其治理结构上，尤其怕茅台为了'做大'而破坏原来的产品文化。茅台推出非53度飞天的那些产品让我感觉有点别扭，不然茅台就真的非常像喜诗糖果(美国西部著名巧克力品牌)了。不过，只要茅台53度系列还是公司营业额的主要来源，茅台的生意模式就还算是比较健康的。"

---

① GIRK，G protein-gated inwardly rectifying K，G蛋白门控内向整流钾离子。

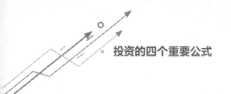

3. 含有咖啡因和茶多酚的饮料

咖啡因可以直接刺激大脑的快感中心，使得大脑分泌多巴胺，使人轻微上瘾。此外，咖啡因可以让人们保持警觉，是重要的功能物质。也许正是基于这些功能，咖啡因才被广泛添加于食品、饮料中。

茶和咖啡的有效成分类似，但是相对和缓。咖啡因类饮料和茶饮料可相互替代，各国人的偏好不大相同，这与饮食传统有关。例如中国人相对美国人来说更偏好茶饮料。因为茶文化对中国人影响很大，人们可以在冥想(禅修)前饮用，这就是"茶禅一味"。

相对于烟酒，此类食品饮料对身体几乎没有负面影响，同时有提神的作用，饱腹感也不强。

4. 盐脂混合食品和甜脂混合食品

科学家曾经做过实验，一克盐(或者糖)加上一克脂肪带来的快乐要明显超过单纯的只有两克盐(或者糖)或者只有两克脂肪带来的快乐。现代食品饮料行业在生产过程中精心调配盐、糖和脂肪的比例，以求达到食物的"极乐点"。食物的"极乐点"是专家在实验室运用计算机建模的方式，通过大量的配比实验计算出的最佳营养搭配。食物的美味达到极值，让人无法抗拒。

为了研究盐脂混合食品和甜脂混合食品的魔力，科研团队设计了巧妙的动物实验：所有受试大鼠的"正餐"都是球状标准食粮；而零食方面，"薯片组"大鼠能尽情享用薯片，"标准组"大鼠则吃淡而无味的零食。随后，研究团队对受试大鼠的脑部活动进行了检测。检测结果表明，与"标准组"大鼠相比，"薯片组"大鼠大脑的，奖赏及成瘾中枢受到最强烈的激活，其他脑区也受到不同程度的刺激——与睡眠相关的脑部活动明显减弱，而与运动相关的脑部活动则增强了。此外，科学家的脑成像研究揭示了这种快乐的神经机制。一方面，食用高盐脂和甜脂食品后，大脑奖赏系统的关键结构伏隔核被强烈激活，并发出一种奖赏信号，诱导享乐性进食发生；另一方面，原本能够根据食物摄入量调节进食欲望的中枢饱腹感回路变得不敏感，导致摄入的热量超过实际的能量需求。在吃薯片时,大家可能有这样的切身体会,我们吃下了第一片后,就会一直吃,直到把薯片全都吃光。

但摄入过量盐、糖、脂肪,会给人们带来心脏病、糖尿病、高血压等健康风险,未来对这类食品公司可能会有一定的管制,不过这不太影响相关公司的投资价值。

5. 辣椒

辣本质上并不是一种味觉,而是一种痛觉。所以酸、甜、苦、咸、鲜这些基本味觉中,并没有辣味。既然如此,为什么人们还会喜欢吃辣呢?因为辣椒素刺激了舌头痛觉纤维的受体蛋白,然后通过痛觉的传导通路产生痛觉,人们在大脑感到疼痛时,身体会出现一系列应激反应,例如分泌类似吗啡的物质内啡肽,试图通过产生快感来镇痛。这样,在最初的疼痛之后,反而让人产生了一种快乐,最终上瘾。其实,人们对恐怖片的喜好,也可以通过类似的方法来解释。后面,我们会进一步解析辣味的魅力。

5.1.3 成瘾类食品饮料的市场格局

由于品牌效应,在6种成瘾商品里,每一个价格范围内,一般都有两个超级品牌形成双寡头。一般来说,如果一个产品的价格是另一个产品的两倍,可以视为有明显的价格区分,是两个档次的产品。以咖啡因饮料为例。在2~3元区间,可口可乐和百事可乐形成行业双寡头;在 5~6 元区间,红牛和东鹏特饮形成行业双寡头;在10元左右,便利店咖啡(全家、711)形成行业双寡头;在20元左右,星巴克咖啡和瑞幸咖啡形成行业双寡头。

5.1.4 查理·芒格为什么投资可口可乐

这些大品牌之中,最成功的莫过于可口可乐。1996年,查理·芒格在

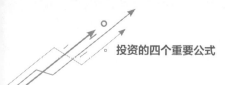

《关于现实思维的现实思考》①演讲中分析了可口可乐为什么那么成功。虽然这是一个带着开玩笑的色彩讲述的虚拟故事，但是依然有很大的启发意义。

1884年，古怪且有钱的格罗兹愿意拿出200万美元来投资，成立一家生产非酒精饮料的新企业，但他只占一半股份，并起名"可口可乐"，如果有人能够令人信服地说明这200万美元150年后得达到2万亿美元，也就是说每年将大量的盈利作为股东分红派发之后，格罗兹到2034年仍将拥有一万亿美元的资产，那么成功运营这家公司的人将得到另外一半的股权。

如果是你，你将用什么样的方案打动古怪的格罗兹呢？查理给了一个方案：

第一步，要有品牌和市场。一是要将"可口可乐"变成一个受法律保护的、强大的品牌。二是在本地创业，在美国其他地方取得成功，然后迅速占领全世界的市场。这样才能达到2万亿美元。

第二步，计算百亿目标的可能性。2034年全世界有80亿饮料消费者，每个消费者必须喝下64盎司的水，只要占据一半的饮料市场，并且每瓶赚4美分的话，到2034年就能轻轻松松达到2万亿美元。4美分的利润是不是合理呢？如果以下三个条件存在，即150年内货币会贬值；产品成本会下降；购买力会增加(增加40倍)，则4美分的利润就能轻松完成。

第三步，要有具有普遍吸引力的产品。创造新的饮料市场，让这个市场占全世界人水摄入总量的1/4。可口可乐必须在这种新饮料市场里占有一半的份额，打造出品牌。

(作者注：要想长期赚钱，企业必须要有"护城河"。互联网行业变化太快，对企业家要求太高。因此我们选择拥有品牌"护城河"的食品饮料行业。食品饮料行业中，饮料的饱腹感比食品轻，因此更好。而从上文分析我们知道，轻度成瘾品容易形成品牌。如果在美国创业，我们可以选择美国人爱喝的咖啡因饮料，设计一种低价的、优质的咖啡因饮料)

---

① 资料来源：https://baijiahao.baidu.com/s?id=1664760030817185166&wfr=spider&for=pc.

　　在心理学角度打造品牌的本质问题是创造和维持条件反射。如何创造和维持条件反射呢？查理说大一的心理学教材上给出了答案。一是通过操作性的条件反射。首先，将饮用可口可乐对消费者的回报最大化：饮料里的卡路里和营养成分；人类神经系统影响下起到刺激消费作用的味道、口感和香气；当人们觉得太热时的凉爽效应，或者当人们觉得太冷时的温暖效应。这些都是对消费者的回报。其次，一旦我们引发想要的反射之后，将它因竞争对手构建的操作性条件反射而被消除的可能性降到最低。最后，为了防止竞争对手通过建立操作性条件反射来抵消我们已经在消费者身上引起的操作性反应，我们要做的事情也很明显：我们公司应该致力于在最短的时间内让世界各地的人随时都能喝上我们的饮料。那么用户转变习惯就很难。

　　二是通过巴甫洛夫条件反射。必须用各种漂亮高贵的形象来刺激消费者的神经系统。名字要高贵：由联想引起的巴甫洛夫效应可以帮助我们选定我们的新饮料的味道、口感和香气。考虑到巴甫洛夫效应，我们将会明智地选择这个听起来神秘又高贵的名字——"可口可乐"，而不是一个街头小贩的名字，比如说"格罗兹的咖啡因糖水"。此外，颜色要像红酒或者香槟或者其他昂贵的饮料，而不是糖水。味道也要难以模仿，让味道与昂贵的心理效应联系起来。

　　为了建立这种条件反射，我们会支付大量的广告费用。

　　三是营造社会认同效应。除了以上的心理，心理学上还有一种"社会认同"心理，也就是有样学样，仅仅由于看到别人的消费而引起的模仿性消费。团队在设计广告和促销计划、在考虑放弃当前的利润以便投入促进当前和未来的消费时，我们将会永远把这种强大的社会认可因素考虑在内。

　　还有一个环节，物流和销售策略：卖糖浆给冷饮销售商和销售完整的瓶装水。为了降低成本，在全世界都要建厂，拥有定价权。让每个独立瓶装厂都成为委托制造商。

　　当然，我们要保护好我们的配方以保护这个超级重要的口味，同时会大肆宣扬我们的秘方，增加配方的神秘感。

　　(作者注：塑造品牌的方法包括条件反射(广告)、社会认同、神秘感。)

第四步，反向思考，即要避开我们不想遇到的情况：

(1) 消费者喝了饮料之后不能感到腻，最好大热天一瓶接一瓶地喝，所以要找到不会腻的味道。

(2) 避免失去强大的商标名称。

(3) 即使获得巨大成功，也要致力于提高产品的质量，制定合理的价格，以及为消费者提供无害的快乐。

(4) 味道永远不能改变，改变味道对我们根本没有好处，那么做会在消费者中引起标准的剥夺性超级反应综合征。剥夺性超级反应综合征使人们因难以接受"损失"而没有任何商量的余地，这种心理倾向促使大部分赌徒失去理智。

查理·芒格说，如果你有这样的分析报告给格罗兹，那么他肯定愿意拿出200万美元给你投资这种饮料。

实际上，查理给出的是宏观和心理学上的方案。现实商业中，可口可乐公司不断强化它的商标，使之广为人知，哪怕破碎成一片碎片也能被人认出。再加上被神化了的神秘配方，分销商、供应商、瓶盖厂之间高效简单的合作使可口可乐立于不败之地。

5.1.5 关于周黑鸭的投资分析报告

笔者2018年曾写过一篇有关周黑鸭的文章，下面和大家分享一下当时的投资思路。

1. 投资要点

(1) 食品饮料的成瘾性与品牌效应(品牌溢价)强烈正相关。卤味，尤其是卤鸭脖，有轻度的成瘾性，是天然的好品类，容易诞生巨头公司。

(2) 周黑鸭是国内卤味品牌龙头，其核心品牌壁垒包括材料选择、口味、包装、食品安全、渠道、扩品类。

(3) 周黑鸭的品牌地位是业内第一，但渠道数量远小于同行业竞争企业。同时，模仿周黑鸭的假冒商店数量非常多。这些都表明，周黑鸭的成长空间很大。

(4) 财务上，周黑鸭毛利率、净利率高，这是典型的好公司特征。同时，公司资产负债表状况良好。

2. 卤味行业空间

根据咨询机构Frost Sullivan预测，国内卤味行业规模将从2015年的521亿增长到2020年的1235亿，年化增长率为18.8%。其中，品牌卤味和包装卤味的比例会逐步提高。总体来说，国内卤味行业，尤其是品牌卤味和包装卤味，还有很大的成长空间。

3. 卤味的消费场景

显然，消费者倾向于在卖场或者品牌店购买卤味，如图5-1所示。

第7题 你一般在哪里购买卤味？［多选题］		
选项	小计	比例
路边摊	415	21.22%
菜市场	566	28.94%
大卖场/超市	1057	54.04%
普通卤味店	921	47.09%
品牌/知名卤味店	1118	57.16%
互联网	290	14.83%

图5-1　调查问卷节选1

将卤味作为一道菜的消费场景约占1/3，将卤味作为休闲食品的消费场景约占2/3，如图5-2所示。

第8题 你一般什么时候买卤味？［单选题］		
选项	小计	比例
逛街的时候看到了就买来吃	395	20.19%
在旅途中吃	200	10.22%
买着带回家当零食吃	582	29.75%
买着带回家当一道菜吃	666	34.05%
要出去郊游/游玩的前买一些来吃	91	4.65%
看电影、看小品、看演唱会时买来吃	19	0.97%
其他	3	0.15%

图5-2　调查问卷节选2

(作者注：本问卷在问卷星网站上采集，有效数据点约2000个)

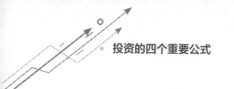

4. 行业竞争格局

食品行业的主要壁垒可以归纳为品牌效应和规模经济。这两种"护城河"作用下，一般的行业格局为双寡头格局，典型的市场占有率是60%和40%。

目前，绝味食品是周黑鸭的主要竞争对手，两公司规模相当，未来行业可能呈现双寡头垄断局面。这两家公司凭借规模、品牌等方面的优势，在盈利水平等方面远优于其他竞争对手，如久久丫、煌上煌等。

至2018年9月3日，周黑鸭天猫旗舰店的粉丝数量为311万人，绝味和煌上煌天猫旗舰店的粉丝数量分别为62.8万人和25.8万人。周黑鸭的粉丝数是其他两大卤制品公司粉丝数的数倍。此外，周黑鸭微博粉丝数量在2018年9月3日为71万人，而其他两家公司的微博粉丝数量为47万人和28万人。

这些都说明周黑鸭是卤味行业的第一品牌。

5. 周黑鸭的品牌优势

周黑鸭的核心品牌壁垒包括材料选择、口味、包装、食品安全、渠道、扩品类。

1) 材料选择

周黑鸭的上游企业主要为鸭养殖户(主要提供鸭副产品)，一共有约40家供应商。

鸭副产品价格的波动周期比较短，因为鸭的养殖周期比较短，价格周期没有猪那么长，所以鸭副产品价格的短期波动并不会影响周黑鸭的价值。

周黑鸭的原材料为白条鸭(老鸭)，选材较为严格。

2) 口味

周黑鸭：酱香偏甜，越吃越辣，到最后舌头发麻。

绝味食品：口味更辣。

周黑鸭老板周富裕对于口味要求非常高，周黑鸭的味道就是在他的领导下研制出来的。他每天早上到公司后做的第一件事情就是品尝第一批出炉的产品，检查这批产品的口味与品质。

绝味食品管理团队来自千金药业销售团队，味道上的把控并非该管理层的强项。

3) 包装

周黑鸭的包装主要为锁鲜包装(MAP)。周黑鸭将鸭脖这种美食标准化了，引入德国的食品生产线，率先做出了锁鲜包装，领先于同业，体现了公司管理者的企业家精神。

但是，周黑鸭对品质的高要求限制了产能，短期成长受到一定限制。

4) 食品安全

由于生产线质量控制和包装上的领先，在所有鸭脖企业中，到目前为止，周黑鸭是唯一一个没有出过严重食品安全事故的公司。

5) 渠道

加盟模式和直营模式各有优劣。加盟模式容易扩张，但质量体系和食品安全是软肋，所以需要从管理上下功夫，做一些独特的制度设计。目前，卤味行业中的加盟模式以夫妻店为主，抗风险能力较弱。直营模式在品牌和食品安全方面有优势，软肋是难以快速进行复制。

目前，除了周黑鸭之外的其他卤味公司均为加盟模式为主。未来，周黑鸭也有可能利用加盟模式进行扩张。

6) 扩品类

如果能打造出新的畅销品类，那么对公司成长会非常有帮助。总体而言，周黑鸭目前扩品类(小龙虾、卤牛内等)并不成功。

小龙虾：目前来看，聚一虾等新品类销售情况并不理想。想要改变中国人现做现吃龙虾的消费习惯，不太容易，尽管管理层进行了口味上的改良。

卤牛肉：卤牛肉预计会比较成功，但价格偏贵。

6. 周黑鸭的成长空间

周黑鸭的品牌影响力业内第一，但门店数量仅有1200家，远小于绝味鸭脖的10 000家。

同时，仿冒周黑鸭的卤味店数量非常多，在网上可以找到大量相关新闻。

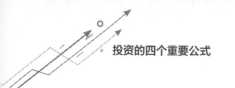

这些都表明，周黑鸭的成长空间非常大，未来门店数量保守估计能达到现在门店数量的4倍，未来利润保守估计能达到现在利润的2倍。

7. 公司财务模型

财务上，周黑鸭的毛利率约60%，净利率约20%，表现优秀。同时，公司资产负债情况良好，净现金高达23亿元人民币。

根据和公司交流的情况，现在周黑鸭股价低迷，可能该公司可能会增持，也有可能开展股权激励。

预测周黑鸭2018年和2019年每股收益分别为0.30元和0.33元，根据周黑鸭的行业属性和行业地位，给予周黑鸭2019年20倍市盈率估值，对应目标价为6.6元。预计4年后利润翻倍，股份还有约200%的上涨空间。

8. 同业比较——休闲食品对比(见图5-3)

| 简称 | PE | | | | | | EBITDA | EV/EBITDA | PB | ROE | Asset-liality |
	2014	2015	2016	2017	2018	2019	2015	最新年化	最新	最新年化	最新
周黑鸭	22.9	17.0	13.2	12.4	13.1	11.9	7.6049	11.3	1.97	20.05%	12.5%
绝味食品	112.7	54.5	43.2	36.3		34.0	4.5035	57.8	10.13	24.86%	19.3%
洽洽食品	55.1	44.3	45.6	50.6		31.1	5.0269	29.3	4.80	10.62%	33.0%
盐津铺子	108.6	58.4	44.4	75.7		49.3	0.7915	68.2	8.79	14.61%	38.1%
来伊份	31.5	17.2	18.2	29.9		40.7	2.4469	13.8	2.16	5.36%	36.5%
好想你	85.5	-445.0	42.4	42.4		28.2	0.5380	76.6	1.32	3.31%	36.5%

图5-3　同业比较——休闲食品对比

同业比较之下，公司的估值性价比最具优势，并且品牌优势高于同业。

9. 周黑鸭核心风险

(1) 管理问题：周黑鸭对各地分公司把控不严，有一定的家族管理特征，有贪腐的风险。

(2) 突发食品安全事件或者禽流感将导致消费者信心短期下降，业绩可能不及预期。

(作者按：本文写于2018年，回过头看，由于自营模式的约束，当时对公司的盈利预期较为乐观。但是，在公司后续放开加盟等利好刺激下，股价仍然达到预期。)

5.2 自动化好生活——家用电器

家电行业是重要的消费品行业。第 3 章中,我们了解了家电的大体分类。家电大体可以分为白色家电、黑色家电和小家电。

5.2.1 白色家电

进一步细分,白色家电主要分为冰箱、洗衣机、空调三大子行业。总体而言,白色家电行业的行业属性很好。很明显,白色家电的质量好坏很大程度上影响消费者的感受。没有人希望在炎炎夏日,空调突然不能工作;或者,拿着一堆脏衣服准备洗的时候,突然发现洗衣机坏了。白色家电的质量很难通过外表或者合格证观察出来,所以很多时候,消费者宁可付出品牌溢价也要选择可信赖的大品牌。

因此,**白色家电行业的公司品牌效应"护城河"显著**,最终,行业的竞争格局趋向于双寡头格局,而且双寡头格局一般比较稳定。

除了品牌,白色家电行业的冰箱、洗衣机、空调的技术差别较小,整个行业的技术壁垒主要在机械和化学方面。机械和化学方面的技术进步比较慢。因此,行业龙头因为颠覆性技术进步而丧失"护城河"的可能性很小。所以,白色家电行业内龙头公司的品牌"护城河"较宽,能够提供优秀的长期投资回报率。

除了品牌之外,白色家电龙头公司在采购、生产、物流、渠道等环节拥有规模经济的优势,从而进一步加大龙头公司的竞争优势。在过去的几十年里,白色家电行业诞生了不少长期"牛股",比如格力电器、美的集团、小天鹅(已被美的收购)等,为投资者贡献了丰厚的投资收益。

冰箱、洗衣机、空调三大子行业中,最值得投资的当属空调行业。虽然三大子行业都拥有品牌"护城河",但是空调是白色家电中不可或缺且单价

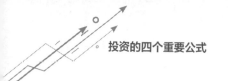

最高的子行业，所以行业的上升空间大于其他子行业。空调行业的龙头企业能够凭借规模优势向其他品类扩张。

5.2.2　黑色家电

黑色家电——电视机行业虽然似乎也有品牌效应"护城河"，但是长期来看电视机行业的市场格局难以稳定。目前，在国内形成了四五家品牌生产商争雄的局面，行业格局明显不如家电行业的其他子行业。

5.2.3　小家电

家电中，除了白色家电(冰箱、洗衣机、空调)和黑色家电(电视机)这些大家电之外，还有小家电。小家电种类繁多，可能和白色家电一样拥有品牌效应"护城河"，也有可能因为体量太小，只能依靠家电渠道经营，缺少"护城河"。以厨电中的吸油烟机为例，因为外国人很少炒菜，所以国内品牌不用面对国际竞争，这一点比空调行业要好。

最重要的是，吸油烟机行业拥有显著的品牌效应"护城河"。行业龙头方太电器与老板电器分别打出了"有方太就有爱"和"大吸力"的广告语，大规模投放广告，占据了消费者的心智。

厨电行业的技术壁垒可以说并不太高。油烟机的核心部件就是电机。此外，相对于其他制造行业，吸油烟机没有技术难度较高的零部件。厨电行业的体量也不像白色家电那么大，对上下游企业没有议价权。所以，总体上也没有规模经济的优势。

因此，依靠品牌效应"护城河"的建立，高端吸油烟机(高端厨电)已经形成了方太电器与老板电器双寡头的竞争格局。

5.3 人机交互硬件

在第3章中，我们已经了解了人机交互界面的演化。目前，智能手机是主流的人机交互硬件，其次是个人电脑，此外还有智能音箱、游戏机、行业专用的电脑等。这些产品组成了巨大的消费电子市场。本节以智能手机为例，我们简单分析典型的消费电子行业的格局。

1. 高端市场

苹果在软硬件方面长期都是领先的。硬件方面，苹果依靠巨大的出货量和很多领先的供应商签订了独家供货协议，硬件成本优势明显。软件方面，凭着一体化优势，苹果手机操作系统流畅、干净、简洁(这方面优势在缩小)。

苹果的很多好处是独家iOS带来的，苹果手机基本会垄断高端市场。

2. 中端市场

国产手机做得不错，但是需要使用安卓系统，只能在中低端市场上竞争。在国内手机中端市场上，未来大概率会形成双寡头格局。国产手机中的荣耀和步步高系已经卖出了品牌溢价，预计全球中端市场会向它们高速集中。

三星的手机的长期前景不容乐观，主要是因为其定位不高不低。

3. 低端市场

低端手机市场在均衡状态下应该是挣不到什么钱的，类似于一般的大宗商品。

那么，像VR(虚拟现实)、AR(增强现实)这类人机交互硬件的市场格局最终会是怎样？因为这个行业还在发育之中，答案是不确定的，留给感兴趣的读者思考。

附录A 知识地图

笔者将复杂学科相关的知识整理成一个知识的地图，这个知识的地图信息丰富、信息密度高，笔者颇为满意，在此以附录形式奉献给各位读者，读者可以通过扫描下方二维码查看知识地图的详细内容。当然，投资也是复杂学科中的一个重要分支。通过这个知识的地图，读者可以了解投资在全部知识中应有的位置。

知识地图以三元组$(x、y、z)$为基本单位，x、y、z分别从**主观、客观、群体角度**去看待事物。笔者从对全体存在的基本理解出发，将存在分解为客体(这里主要指物理学)和主体，最后讨论群体，也就是复杂体系。

复杂体系中，笔者从**人、事、能力**三个角度分别具体阐述。

人的方面，笔者会详细解析人的基本感觉、基本情感、人格乃至人的身体。

事的方面，笔者会详细解析学术、经济、政治等活动。其中，对经济、政治的解析尤为深刻，在实践中利用这些关系进行判断尤为精准。

能力方面，笔者会详细解析技术、管理、设计等基本能力。

最后一部分，笔者用很多历史案例来阐述这些基本能力，尤其是管理能力。

感兴趣的读者可以扫描下方二维码了解知识地图中的详细信息。

附录B　家庭和修行

　　家庭和修行也是与投资相关的重要内容。首先，我们需要明确我们为什么投资？我们投资是为了赚钱，最终是为了我们的家庭幸福。幸福的家庭能让我们拥有长期的投资视野，获得更好的投资收益。因此，拥有好的家庭价值观对成功投资大有裨益。其次，投资的实践属性大于知识属性，很多人无法在市场中获得良好回报，除了投资知识方面的不足，更多是因为不能正确地应对投资过程中的心理问题。修行是主观的心理学训练，有助于我们正确地应对各类心理问题。因此，掌握修行的方法对投资也是大有裨益的。笔者在家庭与修行方面也有一些心得体会，感兴趣的读者可以扫描下方二维码进一步了解。